"十二五"国家重点图书出版规划项目

中国史话·社会系列

锦州史话

A Brief History of Jinzhou

孙海滨　刘景毅　主编

社会科学文献出版社
SOCIAL SCIENCES ACADEMIC PRESS (CHINA)

《中国史话》编辑委员会

主　　任　陈奎元

副 主 任　武　寅　高　翔　晋保平　谢寿光

委　　员　（以姓氏笔画为序）
　　　　　卜宪群　马　敏　王　正　王　巍
　　　　　王子今　王建朗　邓小南　付崇兰
　　　　　刘庆柱　刘跃进　孙家洲　李国强
　　　　　张国刚　张顺洪　张海鹏　陈支平
　　　　　陈春声　陈祖武　陈谦平　林甘泉
　　　　　卓新平　耿云志　徐思彦　高世瑜
　　　　　黄朴民　康保成

秘 书 长　胡鹏光　杨　群

副秘书长　宋月华　薛增朝　黄　丹　谢　安

《锦州史话》编辑委员会

主　　任　王明玉

副 主 任　王广明

主　　编　孙海滨　刘景毅

顾　　问　白雪生

编　　委　牛广臣　李树基　王　哲　王　光
　　　　　丁立彪　刘晓丽

文字提供　宋丽敏　郭荣辉　李丽娟　王　硕
　　　　　敬　彪　杨移风　梁　亮　穆景元
　　　　　于德泉　刘远武　刘锡国　李世民
　　　　　陈　光　薄　学　王　楠　张桂芝
　　　　　田　丰　王成德　祖国明　刘生林

图片提供　陈少平　刘　枫　赵旭东　黄程程
　　　　　杨金祥　王忠政　张　昕　于素英
　　　　　黄　鑫　余　洋　韩　阳　姜贵山

总 序

  中国是一个有着悠久文化历史的古老国度，从传说中的三皇五帝到中华人民共和国的建立，生活在这片土地上的人们从来都没有停止过探寻、创造的脚步。长沙马王堆出土的轻若烟雾、薄如蝉翼的素纱衣向世人昭示着古人在丝绸纺织、制作方面所达到的高度；敦煌莫高窟近五百个洞窟中的两千多尊彩塑雕像和大量的彩绘壁画又向世人显示了古人在雕塑和绘画方面所取得的成绩；还有青铜器、唐三彩、园林建筑、宫殿建筑，以及书法、诗歌、茶道、中医等物质与非物质文化遗产，它们无不向世人展示了中华五千年文化的灿烂与辉煌，展示了中国这一古老国度的魅力与绚烂。这是一份宝贵的遗产，值得我们每一位炎黄子孙珍视。

  历史不会永远眷顾任何一个民族或一个国家，当世界进入近代之时，曾经一千多年雄踞世界发展高峰的古老中国，从巅峰跌落。1840年鸦片战争的炮声打破了清帝国"天朝上国"的迷梦,从此中国沦为被列强宰割的羔羊。一个个不平等条约的签订,不仅使中国大量的白银外流,更使中国的领土一步步被列强侵占,国库亏空,民不聊生。东方古国曾经拥有的辉煌,也随着西方列强坚船利炮的轰击而烟消云散,中国一步步堕入了半殖民地的深渊。不甘屈服的中国人民也由此开始了救国救民、富国图强的抗争之路。从洋务运动到维新变法,从太平天国到辛亥革命,从五四运动到中国共产党领导的新民主主义革命,中国人民屡败屡战,终于认识到了"只有社会主义才能救中国,只有社会主义才能发展中国"这一道理。中国共产党领导中国人民推倒三座大山,建立了新中国,从此饱受屈辱与蹂躏的中国人民站起来了。古老的中国焕发出新的生机与活力,摆脱了任人宰割与欺侮的历史,屹立于世界民族之林。每一位中华儿女应当了解中华民族数千年的文明史,也应当牢记鸦片战争以来一百多年民族屈辱的历史。

当我们步入全球化大潮的21世纪,信息技术革命迅猛发展,地区之间的交流壁垒被互联网之类的新兴交流工具所打破,世界的多元性展示在世人面前。世界上任何一个区域都不可避免地存在着两种以上文化的交汇与碰撞,但不可否认的是,近些年来,随着市场经济的大潮,西方文化扑面而来,有些人唯西方为时尚,把民族的传统丢在一边。大批年轻人甚至比西方人还热衷于圣诞节、情人节与洋快餐，对我国各民族的重大节日以及中国历史的基本知识却茫然无知，这是中华民族实现复兴大业中的重大忧患。

中国之所以为中国，中华民族之所以历数千年而不分离，根基就在于五千年来一脉相传的中华文明。如果丢弃了千百年来一脉相承的文化，任凭外来文化随意浸染，很难设想13亿中国人到哪里去寻找民族向心力和凝聚力。在推进社会主义现代化、实现民族复兴的伟大事业中，大力弘扬优秀的中华民族文化和民族精神，弘扬中华文化的爱国主义传统和民族自尊意识，在建设中国特色社会主义的进程中，构建具有中国特色的文化价值体系，光大中华民族的优秀传统文化是一件任重而道远的事业。

当前，我国进入了经济体制深刻变革、社会结构深刻变动、利益格局深刻调整、思想观念深刻变化的新的历史时期。面对新的历史任务和来自各方的新挑战，全党和全国人民都需要学习和把握社会主义核心价值体系，进一步形成全社会共同的理想信念和道德规范，打牢全党全国各族人民团结奋斗的思想道德基础，形成全民族奋发向上的精神力量，这是我们建设社会主义和谐社会的思想保证。中国社会科学院作为国家社会科学研究的机构，有责任为此作出贡献。我们在编写出版《中华文明史话》与《百年中国史话》的基础上，组织院内外各研究领域的专家，融合近年来的最新研究，编辑出版大型历史知识系列丛书——《中国史话》，其目的就在于为广大人民群众尤其是青少年提供一套较为完整、准确地介绍中国历史和传统文化的普及类系列丛书，从而使生活在信息时代的人们尤其是青少年能够了解自己祖先的历史，在东西南北文化的交流中由知己到知彼，善于取人之长补己之短，在中国与世界各国愈来愈深的文化交融中，保持自己的本色与特色，将中华民族自强不息、厚德载物的精神永远发扬下去。

《中国史话》系列丛书首批计200种，每种10万字左右，主要从政治、经济、文化、军事、哲学、艺术、科技、饮食、服饰、交通、建筑等各个方面介绍了从古至今数千年来中华文明发展和变迁的历史。这些历史不仅展现了中华五千年文化的辉煌，展现了先民的智慧与创造精神，而且展现了中国人民的不屈与抗争精神。我们衷心地希望这套普及历史知识的丛书对广大人民群众进一步了解中华民族的优秀文化传统，增强民族自尊心和自豪感发挥应有的作用，鼓舞广大人民群众特别是新一代的劳动者和建设者在建设中国特色社会主义的道路上不断阔步前进，为我们祖国美好的未来贡献更大的力量。

陈奎元

2011年4月

出版说明

　　自古至今，始终坚持不懈地从漫长的文明进程中不断总结历史经验教训，从中汲取有益营养，从而培植广阔的历史视野，并具有浓厚的历史意识，这是我们中国文化独有的鲜明特征，中华民族亦因此而以悠久的"重史"传统著称于世。在整个人类文明史上独一无二、系统完备的"二十四史"即证明了这一点。

　　中华人民共和国成立后，历史知识普及工作被放到十分重要的位置。20世纪五六十年代，著名历史学家吴晗主持编写的《中国历史小丛书》，90年代中国社会科学院院长胡绳组织编写的《中华文明史话》和《百年中国史话》，成为"大家小书"的典范，而后两套历史知识普及丛书正是《中国史话》之缘起。

　　2010年年初，为切实贯彻中央关于"做好历史知识普及工作"的指示精神，同时也为了更好地弘扬中国传统文化，我们对《中华文明史话》和《百年中国史话》

两套丛书的内容进行了修订和增补,重新设计框架,以"中国史话"为丛书名出版。第十一届全国政协副主席、时任中国社会科学院院长陈奎元亲任《中国史话》一期编委会主任,时任中国社会科学院副院长武寅任编委会副主任。正是有了各级领导的关心支持和诸多学术名家的积极参与,《中国史话》一期200种图书得以顺利出版,并广受好评。

《中国史话》丛书的诞生,为历史知识普及传播途径的发展成熟,提供了一种卓具新意的形式。这种形式具有以通俗表述、适中篇幅和专题形式展现可靠历史知识的特征。通俗、可靠、适中、专题,是史话作品缺一不可的要素,也是区别于其他所有研究专著、稗官野史、小说演义类历史读物的独有特征。

囿于当时条件,《中国史话》一期的出版形式不尽如人意,其内容更有可以拓展的广阔空间,为此2013年4月我们启动了《中国史话》二期出版工作。《中国史话》二期分为经济、政治、文化、社会和生态五大系列,拟对中国各区域、各行业、各民族等的发展历史予以全方位介绍。我们并将在适当时机,启动《世界史话》的出版工作。史话总规模将达数千种。

我们愿携手海内外专家学者,将《中国史话》《世界史话》打造成以现代意识展现全部人类历史和人类文明,集学术性、知识性、趣味性于一体的"万有文库"；并将承载如此丰厚内容的史话体写作与出版努力锻造成新时期独具特色的出版形态。

希望史话丛书能在形塑民族历史记忆、汲取人类文明精华、培育现代国民方面有所贡献，并为广大读者所喜爱。

史话编辑部

2014 年 6 月

目录 Contents

夕阳穿树补花红（代序） ………………………… 1

一 古代史略 ………………………………………… 1
  1. 远古至隋唐时期的历史印记 ………………… 1
  2. 辽代历史文化的辉煌 ………………………… 14
  3. 金元时期的政治动荡与杰出人物 …………… 22
  4. 明亡清兴之战 ………………………………… 28
  5. 明清时代的城市建设与交通 ………………… 37
  6. 明清著名人物轶事 …………………………… 43
  7. 锦州佛教史略 ………………………………… 50

二 百年风云 ………………………………………… 53
  1. 欧阳强创建辽宁第一个中共党支部 ………… 54
  2. 张作霖、张作相、张学良与锦州 …………… 55

3. 李善祥兴办早期实业 …………………… 59
4. 锦州——东北抗日义勇军的发祥地 …………… 62
5. 锦州——《义勇军进行曲》的发祥地 ………… 77
6. 日伪统治时期的锦州傀儡政权 ………………… 80
7. 张士毅和锦州的第一次解放 …………………… 81
8. 国民党统治时期的人民生活 …………………… 83
9. 震惊中外的辽沈战役 …………………………… 85

三 现代风貌 …………………………………… 99
1. 优越的自然条件与区位优势 …………………… 99
2. 美丽的都市新姿 ………………………………… 102
3. 坚实的经济基础 ………………………………… 104
4. 发达的社会事业 ………………………………… 105
5. 繁荣的文化艺术 ………………………………… 106

四 名胜古迹 …………………………………… 119
1. 锦州老八景与锦州新十景 ……………………… 119
2. 都市风景名胜与红色旅游景区 ………………… 121
3. 滨海风光带风景名胜区 ………………………… 125
4. 间山风光带风景名胜区 ………………………… 129

锦州赋 ………………………………………… 141

参考文献 ……………………………………… 147

后　记 ………………………………………… 149

夕阳穿树补花红（代序）

眼下，曾经梦魂萦绕在古道西风中的"老锦州"，即将从地平线上，以一年一变样的高速度，脱胎换骨般地，消失了，取而代之的，是一座风光旖旎的滨海新城。

正当其时，由社会科学文献出版社策划的《中国史话》系列丛书，给一座座古老的中国城市留下了一部部文化标本，锦州有幸名列其中。

在我看来，《中国史话》的意义在于，以史话的形式，克服着当下社会普遍提速的现代性健忘。尤其在"千城一律"的钢筋水泥的城市丛林中，能以文字的努力，打捞每座城市的历史记忆、精神个性和文化品质。无疑，这是一种文化的备份和精神的建筑，这比那些铺天盖地拥塞在密密厌厌的城市里的同质化的物质建筑，更永久更鲜活，更有不可磨灭的价值。特别是当那些物质化的建筑遭遇某种毁灭性灾难土崩瓦解之后，只剩下古迹斑斑的文字，仍然亘古不朽地坚持着形而上的姿态，存活在历史的册页里。

而一座文化失忆的城市,就像一个没有出身、没有档案、没有户口的黑户,在愈演愈烈的城市竞争中,隐藏着一副可疑的面孔,失魂似地在大时代里漂荡。

因而,史话就是城市的文化身份证,是一种历史资质,是现代城市大厦的精神基座。

以锦州为例,只有将一座"地理的锦州",修辞为一种"文本的锦州",才可能在不断推陈除旧的大拆迁里,在瞬息万变的现代刷新中,再现旷古月色,钩沉那时烟花,浮出老街旧巷那一抹斜阳。

我以为,被史话的锦州,应是一座非虚构文本的千古名城。史话之"史",则须遵史料为本;史话之"话",且大有讲究。仅有材料还不够,尤须讲求叙事策略,熔资料、故事、人物、情趣为一炉,"以虚笔烘托实情,以实笔敷设虚境"。操一副散文的笔调,将旧日山河收拾得如同桃花扇影一般旖旎,尽展玲珑。切忌那种板着面孔的官样文章,要么就一律宏大叙事,要么就盖棺论定式的非此即彼的绝对化,一段活色生香的历史,硬是板结成干瘪的一具文字僵尸。

锦州幸有诸位时贤,多年致力于挖掘史料,搜奇抉奥,遍访耆彦,在榛莽丛中辨识残碑断碣,在夜雨孤灯下翻典检籍,终于完成了《锦州史话》,仅用不多时日,遂成一段名山事业。

于是,几乎被遮蔽在煌煌正史背后,那些风起云涌的本土名流,刹那间,摇曳生姿地,从锦州这一历史拐弯之地,从一册山河里走将出来了。

一条文字铺就的漫漫故道,直通颛顼大帝的故墟苔阶,走向慕容廆的燕都蒿瓦,迈入辽帝耶律阿保机的锦城桑园,躐进契丹艳后的皇陵残月,漫步耶律楚材的书堂青灯,趋过皇太极、洪承畴们的松堡烽燧,踯躅在尹府豪门的深深庭院,然后是张氏父子的驯旅操声,然后是李善祥的红果枝头,然后是萧军的柴门咿呀,然后是黄显声们的浴血军歌,然后是东北野战军的铁甲霜野……

就是这些风云人物,宛若一轮夕阳,为这片土地锦上添花、写翠题红。

白雪生

一　古代史略

雄踞中国渤海北岸、关内外咽喉要地的辽西中心城市锦州，是一座具有2200多年悠久历史的北方文化名城。

锦州历史悠久，文化积淀丰厚。通过在锦州义县发现的大批侏罗纪晚期和白垩纪早期形成的古生物化石的证实，锦州以及它所处的辽西大地，是世界上第一只鸟起飞的地方。

从1亿多年前中华大地上第一只神州鸟的起飞，到先秦时期屠何方国的出现，再到前燕时期慕容氏的发祥以至辽代织锦业的繁荣，从明清松锦大战到解放战争辽沈战役为新中国的建立奠基，锦州地域在华夏文明与历史发展的长河中，留下了一串串闪光的足迹。

1 远古至隋唐时期的历史印记

锦州地域远古人类活动

通过凌海市沈家台镇宋家沟村杏树沟遗址的文化遗存可以

看出，它属于旧石器时代晚期，基本反映了锦州地域原始社会古人类活动的概貌。

1977年，当地村民发现了杏树沟遗址的动物化石，1978年由省、市文物部门进行考古挖掘，发现了锦州原始人类使用的打制石器、使用火的灰烬和14种古生物化石。在6件石器中有刮削器、石片和石核，原料主要是燧石和玛瑙，石片长且薄厚均匀。经中国著名人类学家贾兰坡鉴定，这个遗址的地质年代属晚更新世中期，是距今3万年前旧石器时代晚期锦州地区人类活动的地方，形成了杏树沟文化。

专家认定，当时人类居住在洞穴里。杏树沟原始人类所使用的石器工具，系用燧石等坚硬材料打制而成。为了生存，为了子孙繁衍，他们和奔驰在小凌河沿岸灌木丛中的野马、大角鹿、剑齿虎、披毛犀等哺乳动物展开殊死搏斗，用火把和木棍驱赶它们逃向这个由安山岩构成悬崖的杏树沟。沟口有小凌河支流北小河堵住，形成了死谷，被赶进谷底的野兽大部分被摔伤，成为锦州地区古人类易于切割的食物，野兽遗留下来的骨骼就是我们今天发现的古生物化石。他们也捕捉一些鼠类为食（在遗址中发现了七八种鼠类遗存，如中华鼢鼠、蒙古黄鼠），还有虎、狐、葛氏斑鹿等遗骨，后来他们还逐步学会了种植植物。在这一处遗址中发现有灰烬，说明杏树沟村古人类已学会使用火来征服自然，并逐渐学会了保留火种，用火改变过去生食的习惯，而且可以取暖，用火驱赶野兽、消灭野兽。

当时小凌河的水和沿岸的土地，都是他们的共同财物。根据人类学家的研究，这时的"人群"已经形成血缘氏族。

牛河梁遗迹与颛顼故墟

位于辽西大小凌河上游一个叫牛河梁的地方,近年来驰名中外,因为在这里发现了远古辽西先民修建的女神庙,出土有女神彩塑头像、无头孕妇像、玉雕猪龙及彩陶等许多珍贵文物。

考古工作者最近又发现距女神庙不远处,当地人称为"转山"的山丘,丘顶浑圆,呈阶梯形,经考证认定,它是一座红山文化时期的积石冢遗迹,由人工堆砌夯筑而成,是一座名副其实的东方"金字塔"。可以想见,如此浩大的工程,或是古人祭祀天地的神坛,或为埋葬王者的陵寝,同时出土的还有坩埚残片,殉葬的玉龟、玉佩,碑形石雕,表明这里既是原始宗教圣地,又是一个远古玉器制作的中心。

牛河梁遗迹属于新石器时代后期文化,是中国北方红山文化谱系,它既与中原古文化有联系,又有着明显的区别,所处时代距今五六千年左右。那时,我国上古史中的社会正处于激烈变动和文化融合的转折时期,传说中伏羲、女娲、神农"三皇"和黄帝、颛顼、帝喾、唐尧、虞舜"五帝"都出现在这一历史时期。辽西地区牛河梁遗迹的发现与开掘,将中华文明史向前推进了1000多年。

大约在5000年前,黄帝之孙颛顼高阳氏被推举为中原部落的首领。颛顼以祭神、教化、治天下著称,其统治势力"北至幽陵"。"幽陵"包括辽西走廊地区在内的北方大片地区。锦州地区一直有颛顼故墟之说。故墟者,指远古人居住过的小山丘或指曾经有人群居住过而现在荒芜了的地方。但颛顼故墟到底位于何处则众说纷纭。

据《晋书》载,"大棘城即帝颛顼之墟也"。《嘉庆一统志》说,在锦州所辖义县西北有一座颛顼故墟。一说大约在义县城西北20华里处,现已被大凌河改道埋于河内地下。一说在义县万佛堂石窟西30华里大凌河与柳河汇合处,一个叫"小勿拉草沟"的地方,依据是有皇家专用的砖瓦、石基、夯土等建筑物遗存。此地有可能就是前燕立国时的都城大棘城,大棘城是根据颛顼故墟之说,因崇拜北方先祖颛顼而在颛顼故墟旧地上建的。主流说法是在锦州辖区的义县西北,此为《中国古今地名大辞典》"大棘城"条目的记载。但也有史料记载,在今河南濮阳东南,有颛顼故墟一处。颛顼故墟的确切位置,尚待考古挖掘的证实。纵观颛顼帝的一生,行址多处,故各地有多处故墟的说法不足为奇。

在锦州,还有颛顼归葬闾山(本书或称"医巫闾山")的说法。有些学者经考证后指出,《山海经》中有"汉水出鲋鱼之山,帝颛顼葬于阳,九嫔葬于阴","附禺之山,帝颛顼与九嫔葬焉","务隅之山,帝颛顼葬于阳,九嫔葬于阴"的记述,《山海经》这些记述中所说的"鲋鱼之山""附禺之山""务隅之山",都是今天锦州辖区的医巫闾山。

燕太子丹避难菊花岛

1996年5月,锦州北镇廖屯镇大亮甲村村民宋闯在村里的砖厂发现了一把刻有"燕王喜"字样的青铜短剑,一些专家看后指出,"燕王喜"青铜短剑极有可能是战国时期辽东大地上"秦灭燕战争"的遗物。

一 古代史略 5

颛顼巡察北方

战国时期，北方的燕国在今辽宁大凌河以西至河北东北部设立了辽西郡，在大凌河以东地区设立了辽东郡，现在的锦州地区就大致分属于燕国辽东郡地和辽西郡地。

公元前227年，秦王嬴政（即后来的秦始皇）统一六国的兵锋渐近，已经威胁到燕国的安全。燕王喜的儿子太子丹曾被作为人质羁押在秦国，秦王对他很不好，他逃回燕国后，一直想报此仇。为了挽救燕国，他结交了一位名叫荆轲的游侠，派荆轲以及燕国少年勇士秦舞阳去秦都咸阳,刺杀秦王嬴政。太子丹与荆轲定计,以献上秦国逃犯樊於期的人头和割地献地图为名接近秦王,地图中暗藏利刃以伺机杀之。秦王信以为真,就接见了荆轲和秦舞阳。荆轲展示完地图露出匕首,便抓起匕首向秦王刺去,不料被秦王躲开,荆轲行刺未中,终因寡不敌众,与秦舞阳当场被秦王和卫兵杀死。这就是成语"图穷匕见"的由来。

秦王对燕太子丹派人行刺非常恼怒,便派大将王翦于第二年带兵攻打燕国。燕王喜抵挡不住强大的秦军,于是就跑到燕国统治较为稳固的辽东郡首府襄平(今辽宁辽阳市)。太子丹及其部下在逃亡中,一度逃到渤海觉华岛(今辽宁兴城觉华岛)避难,后来又逃到辽东。赵国的代王嘉是燕国的盟友,他向燕王喜建议说,如果杀掉太子丹,秦国就会罢兵。燕王喜为自保,遂派人在衍水边召太子丹议事,将太子丹杀死,并把太子丹的人头献给了秦王以谢罪。虽然燕王喜将太子丹杀死,但秦军还是照样攻打燕国,公元前222年,秦军灭掉燕国,燕王喜也成了俘虏。后人为纪念太子丹,于是把衍水改称为"太子河"。明代诗人韩承训咏太子河诗中"燕丹昔日避秦兵,衍水今传太子名"之句,就是指太子丹死于太子河边的故事。

西汉始设徒河县

徒河县建于西汉高祖三年(公元前204),它是锦州县级行政建制之始。史学界一般认为锦州是一座具有2200多年历史的古城,就是以西汉高祖三年在锦州地域建立徒河县为起点的。

公元前221年，秦始皇统一中国之后，实行了中央集权的郡县制，将全国划分为36郡，郡下辖县，36郡中就有辽东郡和辽西郡。汉代继续实行郡县两级行政建制。说起辽西郡的徒河县，史料有一些记载。《汉书·地理志》狐苏县原注："唐就水至徒河入海。"清陈澧《汉书地理志水道图说》云："唐就水，今蒙古吐默特右翼小凌河，东南流至奉天锦县入海。"可见唐就水就是小凌河，徒河是西汉时女儿河的名称，县以河名命名。它与小凌河在锦州南汇合后，亦称徒河。西汉时的海岸线与现今海岸线不同，除去漫长岁月中的退海区，当时徒河县的地理范围处于女儿河和小凌河中下游一带，方圆百里，人口约2.5万。新版《辞海》上说徒河县就是今锦州市。

曹操北征战乌桓

乌桓族原是东胡族的一支，后来与东胡族解体，居住在乌桓山（小兴安岭东段），因之得名。东汉初期，乌桓曾依附匈奴，不时侵掠东汉边缘郡县。匈奴内部分裂后，乌桓各部乘机摆脱匈奴的控制，臣服于东汉，成了东汉的一支雇佣军队。

东汉末年，军阀混战，东汉王朝动荡不安，乌桓大肆扩张势力，其中以辽西乌桓最强，其首领蹋顿已成为统治整个乌桓族的首领，辽西地区的大小凌河流域成了乌桓的政治军事中心。

当时称雄北方的袁绍采取了联合乌桓的政策，乌桓也确实帮了袁绍很大的忙。待袁绍在著名的官渡之战中被曹操战败忧郁而死、大儿子被曹操所杀之后，袁绍的另外两个儿子袁尚、袁熙只好投奔辽西的乌桓。

东汉建安十二年（207），时年53岁的曹操为统一北方，听从谋士郭嘉的建议，率20万大军北征辽西乌桓，从河南向北奔至200年人迹罕至的"卢龙塞"，沿滦河北上，一路开山修路，长途奔袭，直奔大凌河上游，行程达800华里，奇袭辽西乌桓的巢穴柳城（今朝阳市）。八月，曹操大军距离柳城还有200里时，辽西乌桓单于蹋顿等人才察觉，仓促集结数万骑兵抵挡，两军在白狼山（今建昌）遭遇，曹操大败乌桓，曹操手下大将张辽斩杀乌桓首领蹋顿，曹军俘获20余万乌桓人，占据柳城，袁尚、袁熙逃亡辽东投奔公孙康。不久，辽东公孙康杀二袁，归顺曹操。

曹操北征乌桓之战稳定了北方，是历史上发生在辽西地区大小凌河流域一次著名的战役。曹操北征乌桓得胜回师返回中原，沿途经碣石，借乐府《步出夏门行》旧题，曹操写下了著名的诗篇《观沧海》："东临碣石，以观沧海。水何澹澹，山岛竦峙。树木丛生，百草丰茂。秋风萧瑟，洪波涌起。日月之行，若出其中。星汉灿烂，若出其里。幸甚至哉，歌以咏志。"诗中描写了北方壮丽的滨海风光，抒发了统一中国的雄心壮志。

曹操的《观沧海》，是辽西地区历史上第一首有文字记载的诗篇。诗中所指碣石，应该是位于今天辽西葫芦岛市绥中县万家镇止锚湾海滨中的三块巨石，俗称碣石。附近的秦汉碣石宫遗址群，应是当年曹操"东临碣石，以观沧海"之处。

司马懿东征公孙渊

东汉末年朝廷腐败，经过黄巾农民起义的沉重打击，中央权力已经名存实亡，于是地方割据势力蜂拥而起，魏、蜀、吴三国鼎立的局面逐渐形成。

汉献帝初平元年（190）公孙度为辽东太守，借机独立，此后祖孙三代统治辽河流域、大小凌河流域近50年之久，当时大小凌河流域社会比较安定。后来公孙度的孙子公孙渊继位，由于公孙渊曾与东吴孙权联合对抗魏国，魏文帝曹丕先后两次派兵征讨公孙渊，但都未取得胜利。

魏文帝曹丕去世后，曹丕之子魏明帝曹叡于景初元年（237），派幽州刺史毋丘俭带兵劝说公孙渊归魏，公孙渊不但没有答应，还与魏军战于辽隧（辽宁海城附近），大败魏军。此后公孙渊在辽东自立为燕王，设置百官，招降鲜卑，时常派兵骚扰魏的边境，这也正是魏明帝曹叡派司马懿征伐公孙渊的原因。

魏明帝曹叡于景初二年（238）初，派太尉司马懿率军4万再次征伐辽东公孙渊。司马懿分兵陆海两路，他亲率陆路军马，经孤竹，越碣石，沿大凌河谷，途经现在的辽西北部，渡过辽河直捣襄平。两军在辽阳附近的首山展开激战，公孙渊的辽东军惨败。魏军乘船直逼襄平城下，日夜强攻，公孙渊乞降未成被斩杀于太子河边。

司马懿征讨公孙渊也是三国时期发生在辽河、大小凌河流域的一场著名战役。司马懿率军长驱4000余里，以4万之兵，彻底铲除公孙家族在北方的势力，完成了统一，堪称远征战役之典范。

司马懿东征胜利后，竟然屠杀了辽东地区的军民1万多人，公孙家族所辖之地全部归属曹魏，收户4万，人口30余万，司马懿强令万余辽东地区的中原人返回中原，这对于辽河、大小凌河流域来说是一场灾难。

动乱之中，一支鲜卑部族在首领莫护跋带领下，进驻大小凌河流域，并在此登上了中国北方的历史舞台。

开发锦州的第一位政治家——慕容廆

十六国时期，锦州地域出现了一位杰出的政治家——慕容廆。

西晋末年到北魏统一中原这一段时期，中华大地军阀混战，北方出现了16个由地方割据政权建立的国家与南方的东晋王朝并存，历史上称之为十六国，由慕容廆奠基的前燕就是十六国之一。慕容廆是在锦州地域第一个建立国家政权的政治家。

鲜卑是东胡族的一个支脉，秦汉之时被匈奴打败退居鲜卑山（今内蒙古境内）。三国时司马懿打败公孙渊后，将中原汉人遣回中原，乘此之机，鲜卑人在首领莫护跋带领下入居大小凌河流域。莫护跋仰慕汉人的文化，带头戴一种北方汉人贵族常戴的步摇冠。鲜卑人称步摇冠为慕容，正切合汉语的"慕二仪之德，继三光之容"的说法，故这支鲜卑族被称为慕容部，并以慕容为姓，史称慕容鲜卑。

慕容鲜卑最早出现的一位杰出人物是慕容廆，史料记载他是昌黎棘城（今锦州义县）人，于西晋太康十年（289）受西

慕容廆

晋封为鲜卑都督。此时的慕容部族已从辽东迁到复置的徒河（今义县西北一带），后来又迁到棘城。因为传说棘城是黄帝之孙颛顼所建的故城，称为"颛顼故墟"，慕容廆仰慕北方先祖颛顼的历史功绩，便立都于此。前不久考古工作者在距义县万佛堂石窟以西15公里大凌河与柳河交汇处发现大量古代建筑物遗址，推定是前燕棘城慕容廆王宫所在。目前的史料提及棘城，大都标注在义县附近，具体地址有待考证。西晋元康四年（294），慕容廆已经完成了创建前燕国的基本雏形，这是北方民族在大小凌河流域建立的第一个独立的国家。

由于前燕军事力量逐渐强大，曾先后打败了木津、宇文及素连各部，东晋王朝感到了前燕的威胁。东晋大兴二年（319），东晋平州刺史联络高句丽、鲜卑段部和宇文部出兵进攻棘城，妄图消灭前燕，瓜分其土地。慕容廆闻讯后深掘沟堑，坚固城防，先用酒肉犒劳宇文部军，高句丽、鲜卑段部产生怀疑，瓦解其联盟，使其各自携兵退回本部，棘城下仅有宇文部几十万军队。慕容廆派其子慕容翰埋伏在山林中，叫奸细扮作降兵递假情报，诱使宇文部首领悉独官分兵奔袭徒河，遭到慕容翰伏兵的围歼，慕容廆亲率主力从正面攻击宇文部军，宇文部全军措手不及，惊恐中败逃，几十万军队全部被慕容廆俘获，仅有悉独官逃脱。棘城之战是锦州地域历史上第一次大型战役，同中原的官渡之战、淝水之战并称为古代军事史上的经典战例。

慕容廆很有政治远见和军事才能，是开发建设以锦州地域为中心的大小凌河流域的第一位著名政治家。由于慕容廆政治修明，谦虚好客，爱护人才，大批汉人世族携宗族、乡里、部从投靠徒河鲜卑。当时流亡到以锦州地域为中心的大小凌河流域的汉族百姓多达数万户，是原有人口的十几倍。慕容廆为了安顿流民，在大小凌河流域，以中原人的祖籍设多处"郡"（居住地），如为冀州人设"冀阳郡"，为豫州人设"成周郡"，为青州人设"营丘郡"。对中原流亡汉人实行免役等优惠政策。慕容廆十分仰慕汉族文化，仿效晋朝制度，重用汉族知识分子，兴办学校，让汉族士人传授文化知识、礼教等，并教导鲜卑人耕种务农，养蚕织布。当时，大小凌河两岸和医巫闾山麓，出现大片农田和桑林。慕容鲜卑部族的经济生活，逐渐由游牧方式转为农耕方式，社会制度也由氏族组织进化为政权组织。

慕容廆是前燕名副其实的奠基人，但他生前并未登上皇帝的宝座。东晋咸和八年（333），慕容廆去世，其三子慕容皝继位。东晋咸康三年（337），慕容皝正式建立前燕国，自称燕王，追谥慕容廆为武宣王。东晋永和八年（352），慕容廆之孙慕容儁称帝时，追谥慕容廆为武宣皇帝。

隋唐征东封闾山

高丽亦称高句丽，是北夷的一支，因以黑马（骊）为图腾，所以称高丽。隋唐两代和高丽多次发生战争。隋朝的文帝、炀帝先后四次东征高丽都以失败告终。其中隋炀帝杨广就于大业年间三次御驾亲征，发兵百万之众。

唐贞观十八年（644），唐太宗李世民乘高丽国大将盖苏文在国内叛乱之机，派水陆两支大军东征高丽，虽有战绩，但没能彻底取胜。第二次唐太宗亲自出征，一举攻下辽东城、白岩城（今辽宁辽阳市附近）、盖牟城（今辽宁盖州），直逼安市城（今辽宁丹东市），但也没有最终征服高丽，唐高宗李治继位后，又发兵征高丽终获全胜。隋唐两朝征高丽，地处辽西的锦州闾山一带据说也一度成为古战场。隋唐两朝征高丽给高丽民族和汉族人民同样带来深重的灾难，尤其是大小凌河流域及今锦州地区，既是战争物资的补给地，也是局部战场，为战争付出了沉重的代价。

隋文帝杨坚开皇十四年（594）闰十月，隋文帝禅封锦州医巫闾山为"北镇"，并在山上建祠祭祀。这是"北镇"名称最早的来历。杨广三次东征高丽途中都曾在此祭拜以求闾山山神庇佑。唐太宗东征高丽百年后，他的曾孙唐玄宗李隆基于天宝十年（751）钦封医巫闾山为"广宁公"，这是锦州北镇原称"广宁"的由来。隋唐皇帝禅封和祭拜医巫闾山，祈求国泰民安，都与征伐高丽的历史事件相关。

2 辽代历史文化的辉煌

辽太祖设立锦州城

锦州城是由辽国的创建者、契丹人首领耶律阿保机于辽天赞三年（924）设立的。

耶律阿保机，汉名耶律亿，字阿保机，契丹族迭剌部人，生于公元872年，卒于公元926年，史称辽太祖。在他公元916年称帝前，为解南掠中原的后顾之忧，已夺取了辽西。据1994年版《锦州市志》载，辽太祖五年（911），辽太祖平定西部奚族和东部奚族，占领他们所有的土地，包括今锦州全部地区。1981年，史学家岑家梧在《历史研究》上发表的《契丹和汉族及其他民族的经济文化关系》一文中写道："天赞三年阿保机直抵涿州，时蓟州、安次、潞、三河、渔阳、怀柔、密云等县皆为所陷，俘其民而归，置州县以居之"，"将汉俘安置在临潢县、长春县、定霸县、潞县、龙化县、武安州、泽州、兴中县、锦州"。当时锦州属于中京道（大定府）的兴中府（今朝阳），从以上史料可知，锦州建于辽天赞三年。

当时，虽然在汉高祖三年（前204）在锦州设立了徒河县，但后来由于自三国、魏晋到隋唐时期，今锦州及周边之地的居民几经迁徙，除前燕时期设立西乐县外，大多数时间

辽太祖耶律阿保机

（长达500多年）正规化的行政建制基本荒废，故今锦州及其周边之地，大都是人迹罕至、林莽荒野之地。辽太祖耶律阿保机就在这人迹罕至、林莽荒野之地，把掠自河北的汉俘赶到当时还没有名字的今天叫锦州的这个地方，让这些汉俘起土、采石、伐木、建造城池。契丹人看到这里到处长着野生桑麻，他们要用这里的桑麻资源生产锦绸绣缎，于是便将此地定名为锦州。锦州当时是斡鲁朵（宫廷之意）属州的"太后织蚕户"，和周边地区一起，专供宫廷的缎锦丝绸。因此，关于锦州名称的由来，主流说法应该是"栽桑养蚕织锦说"。

辽代的行政建制是道（府）、州、县三级制，道治于府，道府同级，州下设县。这时，锦州作为州一级的军城，出现在渤海北岸的辽西大地上，辽王朝派临海军节度使（中节度）

来镇守。锦州的设立,一改过去此地一直被别地管辖的历史。

辽建锦州城城郭为长方形,初期周长为2700米,中期经过扩建,周长为3050米,有东西南北四门。锦州地理位置南临渤海,东接显、乾二州(今北镇),北抵宜州(今义县),自锦州城设立之后,这里便逐步成了辽西地区的商旅之地和贸易中心。

天显元年(926)七月,辽太祖驾崩于扶余府(今吉林省清原市扶余区)。

辽太祖设立锦州城之后,辽道宗于清宁三年(1057)在锦州古城的中心建设了广济寺塔,于清宁六年(1060)重修了广济寺,锦州古城愈发壮观,锦州的贸易日益发达,锦州的发展从此进入了一个新的历史阶段。

辽太子耶律倍情系闾山

耶律倍(899~936),小名图欲。辽太祖耶律阿保机长子,东丹王,后被后唐李从珂杀死,终年38岁,葬于显陵(今北镇市医巫闾山)。

辽太祖在位时,于公元916年立耶律倍为太子。耶律倍喜欢读书,能用汉文写诗作文,又爱好音乐,擅长画画,崇拜汉族的文明,信儒学。有一次,太祖问他:"当了皇帝,应该祭天敬神。我想立庙祭祀有大功德的人,不知应该先祭祀谁?"耶律倍马上回答说:"孔子是大圣人,应该先祭祀孔

辽太子耶律倍

子。"太祖同意,马上命人修建了孔子庙,每年分春、秋两季祭祀。

耶律倍不但有很高的汉族文化修养,还是一员统兵的战将。天显元年(926)正月,他跟随太祖攻灭渤海国,并改渤海国为东丹国,即"东方之契丹"之意。二月,太祖任命耶律倍为东丹王,改年号为"甘露"。耶律倍镇守东丹,使这一地区成为辽国的一部分,并仿照汉族在东丹国建立了许多制度。

天显元年七月太祖驾崩后,本应由太子耶律倍继位,但太后述律平不喜欢他,而中意于次子耶律德光。耶律德光当时又位居大元帅,手握重兵,已先后镇压了一些反对他继位的贵族。耶律倍自知无力和他抗争,只得被迫对述律太后说:"大元帅众望所归,应该继位。"述律太后自然同意,并于天显二年(927)十一月由耶律德光继位为帝。耶律倍于是远离京都,在锦州医巫闾山绝顶筑读书堂,把平生所藏之书全部带到医巫闾山,偕同汉族姑娘、爱妻高美人(高云云)以书为伴,狩猎、吟诗作画,陪伴晨曦落日。但耶律德光担心耶律倍仍会和他争夺皇位,就将他迁到东平府(今辽宁辽阳市),并派人监视他。耶律倍愤懑难忍,意欲离开契丹。远在洛阳的后唐明宗李嗣源知道了他的处境,秘密派人请他去后唐,他欣然答应,然后避过监视者,直奔锦州临海军,耶律德光派李胡追杀,耶律倍至锦州临海军老母山(今北普陀山)被一老妇救下,此后同高美人乘船渡海至后唐。李嗣源赐他以节度使的官职,他为了表示对汉族文化的崇敬,改名为李赞华。

天显十一年（936）四月，后唐李从珂发动兵变攻陷了洛阳，一度夺取了帝位，李从珂兵败自焚前，派力士李彦坤杀死了耶律倍。后来，耶律德光迁耶律倍遗骸葬于医巫闾山。耶律倍之子世宗耶律阮即帝位后，将先父耶律倍的坟墓定为显陵。

辽太子耶律倍对契丹族的汉化过程起到了积极的推动作用。耶律倍生前并未成为大辽国的皇帝，然而他的直系子孙却有六位登上了大辽国皇帝的宝座。从此以后，医巫闾山地区成为辽太子耶律倍以及辽代多位帝王和皇族子孙的"龙寝之地"，也就是陵墓安葬之地，从此开创了闾山乃至锦州地区历史发展与辽代大规模肇建皇家建筑的辉煌篇章。

大辽国萧太后光耀辽史

在关于杨家将的故事和戏剧中，有一位"辽国国主萧太后"，她就是辽景宗耶律贤的皇后、辽圣宗耶律隆绪的母后、光耀辽史的萧绰。

萧绰（953~1009），小名燕燕，出身于锦州临海军闾山西麓的义州契丹贵族家庭，父亲萧思温是辽太祖皇后述律平的族弟忽没里之子，长期任南京留守的要职；母亲则是辽太宗耶律德光的长女燕国公主吕不古。

青年时代的萧绰

辽保宁元年（969）二月，一生无子的辽穆宗耶律璟在怀州打猎时驾崩，萧思温遂秘密派心腹潜往上京报知耶律贤。耶律贤连夜率甲骑千人抢在耶律璟灵柩前即位，是为辽景宗。为了感谢萧思温的拥戴大功，辽景宗耶律贤封萧思温为魏王、北院枢密使兼北府宰相，成了北面官的最高首领。同时迎娶萧绰为贵妃，不久册封为皇后，这年萧绰17岁。两年后，萧绰生下长子耶律隆绪。耶律贤即位初期尚能进行一些改革，但没多久就沉湎酒色，身体虚弱，只好命萧绰临朝裁定军国大事。萧绰由此发挥出她的雄才大略，成了比述律平还要杰出的女政治家、军事家。

这时，中原北宋王朝经过宋太祖赵匡胤的励精图治，国力大增，已基本统一了长城以南的地区。太平兴国四年（979），宋太宗赵光义灭掉北汉，试图乘胜收复辽国占领的幽州。萧绰采取诱敌深入、两面夹击的战术大败宋军。

辽统和五年（987）九月，耶律贤病死，遗诏年仅12岁的长子耶律隆绪继位，是为辽圣宗。萧绰正式临朝称制，被尊为"承天皇太后"。此后她称制20余年，在契丹社会中进一步实行了全面的封建化改革，使辽国达到了它的鼎盛时期。

萧绰执政之初，面临的是母寡子弱、族属雄强、边防未靖的艰难局面。她首先起用一批得力的官员委以重任，最重要的就是大丞相韩德让。萧绰与他齐力同心，内振朝纲，外求展拓，韩德让勇于进谏，积极进贤，为辽国的鼎盛作出了卓越的贡献。

萧绰还在韩德让的支持下敕令包藏野心的诸王交回领地，并伺机剥夺了他们的兵权，稳定了局势，使辽国统治集团呈现出同心同德的大好局面。

在整饬内政的同时，萧绰领导的辽国与宋国及周边地区的战争也取得了一连串胜利。统和十七年（999）开始，萧绰或亲自出马，或调兵遣将，扬鞭南下，几乎每次都攻城略地大胜而归。统和二十二年（1004）九月，萧绰偕同耶律隆绪、韩德让率兵20万又一次大举南下，一路破关斩将，连败宋军，十一月抵达澶州（今河南濮阳）城下，几次战斗之后，双方商定：宋辽约为兄弟之国，宋每年给辽银10万两、绢20万匹，称作"岁币"，双方罢兵，各守旧疆，这就是历史上著名的"澶渊之盟"。从此以后，双方结束了长期的战争。此后的120多年间，辽宋基本上和平共处，从未发生过大的战争。

萧绰临朝称制27年，又教育辽圣宗耶律隆绪成为辽国九帝中最享盛名的"明主"。统和二十七年（1009）十二月，萧绰准备还政于耶律隆绪之前与世长辞，终年57岁，归葬医巫闾山乾陵。

辽圣宗振兴辽国与肇建奉国寺

辽统和二十七年，临朝摄政27年的皇太后萧绰结束了她作为女政治家波澜壮阔、叱咤风云的一生，辽圣宗耶律隆绪开始独立执掌辽国的朝政，他将国号改为"契丹"。耶律隆绪是辽代最有作为、在位时间最长的皇帝，他治国的一条根本指导思想就是学唐比宋，借鉴汉文化的精华振兴辽国，完成了几件在历史上很有影响的大事。第一件事是营建了一个新的都城——辽中京大定府城（位于今内蒙古宁城县），使之成为辽国政治、经济、文化的中心。第二件事是科举取士。耶律隆绪把一大批汉族的优秀分子通过科举吸收到统治机构中来，为辽国的振兴网罗人才。第三件事是部族再编。耶律隆绪亲政后，在部族的编制上也进行了改革，把原来属于宫帐俘户的奴隶改编为部民，把俘虏和新征服的各族人户，不再编为宫户奴隶，而分别设部统治，使奴隶制成分有了显著削弱。第四件事是修订法律。耶律隆绪于统和十二年下诏更改法令，规定契丹人犯下"十恶罪的，也应依照汉人法律制裁"。许多有能力的人得以为官，许多无能之辈被免除官职。

在处理外交关系上，耶律隆绪对属族小国，不以强凌弱，骚扰搜刮。辽朝先后两次将公主嫁给西夏国王李继迁，保证了辽和西夏之间没有发生战事。耶律隆绪在和宋朝的交往中，严格按照澶渊之盟誓书上规定的条文办理，维护了辽宋两国之间的长期和平。

耶律隆绪很热爱自己的故乡，多次下诏修葺锦州临海军、宜州崇义军（今义县）、显州、乾州（均为今北镇）四座城垣。辽圣宗耶律隆绪留给锦州最重要的文化遗产，就是于辽开泰九年（1020）下诏，在宜州崇义军（今义县）为祭祀母后萧绰肇建的咸熙寺（今称奉国寺）。

辽太平十一年（1031）六月，耶律隆绪驾崩，时年61岁，在位49年。死后谥为文武大孝皇帝，庙号圣宗。

3 金元时期的政治动荡与杰出人物

汉兴帝张致抗金反蒙建瀛国

在金国末期与蒙古汗国年间,锦州出现了一个抗金反蒙的临时政权,它是由汉兴皇帝张致建立的瀛国。

蒙古汗国太祖九年(1214)四月,成吉思汗派大将木华黎率领兵马来攻掠辽东、辽西。在锦州,出身于汉人豪强之家的张鲸和其弟张致聚众10余万,反抗金国的残暴统治,杀死金国锦州临海军节度使完颜承裕,自立为临海郡王,叛金降蒙古。翌年,张鲸自号辽西王,建年号为大汉。后来,木华黎觉察到张鲸有反蒙之意,便命令部将肖也先作监军监视张鲸。后张鲸设法逃跑叛蒙,被监军肖也先捕获杀死。

张鲸之弟张致时任兵马大元帅留在锦州,听说张鲸被杀,便割据锦州地区叛蒙自立,在锦州建立了瀛国,自称瀛王,后又自称汉兴皇帝,建年号兴龙。他实行团结契丹人一致反蒙的策略,建立了"黑军",制定了发展经济的政策。不久,张致率军攻下了辽西与河北多座州府。十一年(1216)春,张致军攻下了兴中府(今朝阳)。六月,张致派张顽僧和完颜南合向金宣宗上表归附。

成吉思汗急令木华黎采取军事行动。木华黎率领蒙古不花(军队名)等军数万前来攻打锦州。在蒙古大军压境面前,锦州地域原来张致的一些地方官员,纷纷起而反叛,投降蒙古。蒙古不花军进逼红罗山(今锦州城西虹螺山)时,张致的主将杜秀向蒙古军投降,被任命为锦州节度使。之后,木华黎便向兴中府进发,张致派侄儿张东平带领骑兵8000、步兵30000前来支援,与木华黎军相遇于神水县东(今朝阳羊山镇一带),张东平军大败,被斩杀的官兵达12800人,张东平战死,余军撤回锦州。蒙古不花军随后攻下开义县(今义县境),进而包围锦州。张致派部下张太平、高益出战,均力不能敌而败归。张致见此,只好采取闭门坚守的策略,时间长达一个多月。部将高益见败局已定,于是叛变,将张致擒获,缚张致送与蒙古不花军以降蒙古。张致临死不屈终被杀,锦州城破,百姓被蒙古军屠杀者无数。张致所建的瀛国随之灭亡。

元代统治与辽西民众的反抗

元朝是蒙古族建立的,原为蒙古汗国,1264年,成吉思汗的孙子忽必烈即大汗位后,国都由开平(今内蒙古正蓝旗东)迁到燕京(今北京),1271年改国号为元,改燕京为大都。1279年元灭南宋,统一了中国。

元朝建立后,在全国共设11个行中书省(简称行省,即今天的省,作为最高一级地方行政建制始于元代),锦州隶属辽阳行省大宁路,原永乐、神水、兴城、安昌各县并入锦州,故锦州当时为省、路、州三级制。蒙古军队杂居民间,以监视汉人;州、县设蒙古达鲁花赤,总理一切政务。州、县内设保甲、分社,实行社疃组织,50家为一社,有社长。规定游手好闲及不尊父母教诲者,社长记其姓名,等到提点官到来之月,再问其情况加以处罚。如果是种田的人,用木牌立在田头,在上边写上某社某人的罪状。对凶恶无道之人,社长将其犯罪情况写在门上。社长除了监视社民外，还为统治者催收和摊派税役，叫做"差科"。凡聚众结社、鸣铙做佛事的要治罪，读禁阅的书籍和对统治者有讽刺之言的也要治罪。

由于元朝实行残酷的阶级统治和民族压迫，加之不重视农业，大片农田被辟为牧场，经济倒退，致使人民大众生活在贫困和牢笼之中，没有自由，生活痛苦不堪，民族矛盾愈演愈烈，终于引发了全国性的农民大起义。

元末至正十一年（1351），红巾军起义的火炬，照亮了锦州和周边地区人民起来反抗的道路。锦州地区的反抗斗争此起彼伏，如元成宗即位元年（1295）"辽阳行省所属九处大水，民饥或起为盗贼"；元惠宗至正二十年（1360）"秋七月辛酉，命辽阳行省参知政事张居敬计义州贼"，这是在今义县爆发的农民起义，可惜史书上只此一句，详情难知。至正二十二年（1362），辽东的金、复、海、盖等州和锦州地区的乾州（今北镇）等地，遍布起义烽火，起义军向西攻下兴中州（今朝阳），并准备由海道去接应永平路卢龙城、程思忠的起义军。后来程思忠部被元将也速打败。程部穿过辽西走廊，向金、复两州东撤。后来，这几支起义军汇集到一起，转攻大宁路（今河北平泉县）和上都（即开平），也被元将也速调兵击破。以后，起义军在锦州地区及其周边转战多处，声势浩大，使元朝廷调兵遣将，穷于应付。应该说，这支起义军是埋葬蒙古王朝的元末农民起义的一个重要组成部分。

在元代锦州有一位汉人地方官叫胡秉彝，在恢复被战乱破坏的经济、使百姓安居乐业方面作出了重要贡献。他设立

"行都部"衙门,对流民实行登记管理;依靠锦州优越的自然条件,倡导发展农耕和桑蚕生产,在城东一块平坦的土地上建立"济民园",亲自带领属下养蚕耕作,示范导民,并免费供给流民们种田植桑的种子和苗木。这些措施促使流民纷纷从事农耕桑织,农业生产也重新振兴起来。胡秉彝还设法维护锦州百姓的利益,抵制蒙古贵族集团的横征暴敛,其爱民之德值得后世称道。

杰出的少数民族政治家——耶律楚材

锦州古塔历史文化公园内,有一尊高大的花岗岩人物塑像,他就是锦州乃至我国历史上著名的少数民族政治家耶律楚材。耶律楚材为蒙古汗国的兴盛建立了重大功勋,后来元世祖忽必烈建立元帝国,开国政策均沿袭耶律楚材制定的典章制度。

耶律楚材(1190~1244),字晋卿,契丹族,祖籍义州(今义县),另有一说为祖籍广宁(今北镇市),辽太祖耶律阿保机九世孙。耶律楚材3岁丧父,在母亲杨氏抚养下,少年时曾在锦州北镇医巫闾山置读书堂饱读经史,通晓天文、地理、律历、术数及释老、医卜,24岁出任

**锦州古塔公园
耶律楚材石像**

金国开州（今河南濮阳）知州，政绩斐然。26岁擢升中都行省员外郎，辅佐金国完颜福兴留守中都（今北京）。是年，蒙古骑兵攻破中都，金国灭亡，耶律楚材此后为蒙古国大汗成吉思汗所用。

耶律楚材在西征营帐中，逐渐感到成吉思汗的豪放、直爽，二人遂成忘年之交。成吉思汗临终前叮嘱诸子："若想得天下，必重用楚材！"1229年，窝阔台继大汗位，耶律楚材负责立仪室礼，他反对滥杀政策，废除屠城旧制，挽救了避兵居汴梁（开封）一带的群众147万人的性命。在蒙古国南方汉人地区的治理中，他推行了一系列安定民生、发展生产、增加国库收入的政策。1231年，窝阔台任命耶律楚材为中书令（丞相）。耶律楚材在燕京首先镇压了一批横行不法的蒙古贵族子弟，然后立十路征收课税使，专掌钱谷，建立赋税制度。严禁汉地为牧场，恢复发展各项生产，他信赏罚、正名分、明俸禄、官功臣、兴儒学、开科举、务农桑、定土贡、治漕运。他奏封孔子后裔，治国中坚持"守成者必用儒臣"。在耶律楚材主持的开科取士中，得士4030人（多为被俘为奴的汉族儒士），这一举措既促进了中华民族的融合和统一，又推动了蒙古军事游牧汗国逐渐过渡为军事封建帝国的进程。

1241年窝阔台死后，皇后马乃真称制，蒙古贵族中的顽固势力占据优势，耶律楚材受到冷遇，但他仍七上朝廷和顽固势力据理力争，终于在1244年抑郁而终，时年55岁。耶律楚材的遗著有《西游录》《湛然居士文集》。

北京的颐和园中，现存一座耶律楚材祠。

武当祖师张三丰

2012年9月25日,黑山县姜屯镇武当祖师张三丰祠正式落成。新建的张三丰祠有正殿、配殿、钟鼓楼、山门,巍峨庄严、气势恢宏。

根据多种史料记载,张三丰这位集儒、佛、道、武学于一身的武当祖师,是锦州地区黑山县姜屯镇土城子人。据《明史·方伎传》《中国道教史》《锦州古刹》载,"张三丰,辽东懿州人,名全一,一名君宝(有称君实),号玄玄子,'三丰'其道号也,绰号张邋遢"。著名历史学家吕振羽先生考证:"辽东懿州,治所在今阜新县塔营子。辖今彰武、阜新、新民、黑山等地。"张三丰自称:"某乃懿州梁鱼务人氏。"金大定二十九年(1189),设望平县于梁鱼务(今黑山县姜屯镇土城子村),隶属懿州路。

张三丰生于蒙古汗国定宗二年,即南宋淳祐七年(1247)四月初九,一生跨越南宋、蒙元、明朝三代。张三丰一生曾创立武当太极拳、武当太极剑等20多种拳术和剑法,是武当派武术的第一代开山祖师。

张三丰天生异相,丰神奇异,身体伟岸、龟形鹤背、大耳圆目,须鬓如戟。行为怪异,常数日一食,游处无常。张三丰凭借超常的气功和武功,到处行侠仗义,笑傲江湖,时而隐修于山野,时而云游于江湖,俨然是朝野上下许多人崇拜的道教神仙。明朝多位帝王寻找张三丰不见踪迹,仍然为他修建道观并加封神号,直到明世宗时,人们才相信张三丰大概已"羽化登仙"了,于是在嘉靖四十二年(1563),明朝廷敕封他为

"清虚元妙真君"。

张三丰的寿命可谓千古之谜,大多数史料都记载他活了212岁,还有149岁之说,虽然世界上不大可能有这样跨越三个朝代的长寿之人,但张三丰确属长寿之人,许多人都深信不疑。

张三丰虽踪迹神秘,但著述颇丰。《明史·文翰类》载录有他的著作《金丹直指》和《金丹秘诀》各一卷。清代雍正时人汪锡龄把张三丰这两卷经书和若干篇诗文编在一起,附上张三丰显迹30余条,辑成《三丰祖师全集》家藏。道光年间,李西月又据汪氏家藏本补辑,编成《张三丰先生全书》,成为全真道"隐派"文献总集。

4 明亡清兴之战

巫凯、王翱防卫辽西

明太祖朱元璋十分重视北疆边防。他一面采取软化蒙古残余势力的怀柔政策,一面又修筑东起山海关、西抵嘉峪关的万里长城,防范北方民族骑兵袭扰。明朝在北方防线上设置了九个边防重镇,分段防守,合称"九边",辽西地区便是九边之一。

明成祖朱棣夺取皇位后,为了巩固北方边防,又做出重大的调整,加强了重点地区的防卫,放松了边远地区的防护,辽西走廊从而成为明军防御蒙古部族及女真人侵扰的重要区域。当时,在广宁前屯卫(绥中前卫镇)至广宁中左屯卫(锦州)之间没有坚固的城堡相连,不利于防卫联络和物资转运。为使明军尽快开通辽西走廊线路,1428年,镇守广宁的总兵官巫凯奏请朝廷批准修建宁远城（今兴城古城），并于1430年开工建设。宁远城为正方形城体，它同西安古城、荆州古城、平遥古城一样，都是我国至今保存最完整的古城。

为加强辽西走廊的防卫，明朝又沿山海关外地形再筑边墙，称辽西边墙。1442年，由都御使提督辽东军务王翱主持修筑。辽西边墙的建设因地制宜，就地取材，有石墙，有土墙，也有木板塞墙。边墙深壑，千里相望。王翱不仅修筑边墙有功，还是一位清官，在他镇守广宁时，朝廷派一太监作监军。这位太监和王翱共事十几年，很敬重王翱的为人。当王翱调离广宁去两广做总督时，太监拿出四颗大珍珠相赠，并说明不是受贿得来，而是明成祖朱棣所赐，王翱感念其真诚便收下珍珠。许多年后，王翱调回京城做吏部尚书，闻知那位太监已过世多年，他就找到那位太监生计艰难的侄儿，把四颗珍珠还给了他。王翱担任吏部尚书，位高权重，虽主管全国官吏升迁，却不肯把自己在外地为官的女婿调进京城，害得夫人和女儿都埋怨他。王翱廉洁为官的故事，早在20世纪八九十年代就收入了中学课本。

李成梁镇守辽东立战功

李成梁（1526~1618），辽宁铁岭人，字汝契。明隆庆、万历年间，李成梁两次以辽东总兵之职镇守辽东近30年，常驻广宁（今锦州北镇）辽东总兵府，以抗击蒙古、女真等少数民族侵扰，以战功先后擢升为辽东险山参将、都督佥事、副总兵、总兵官加太保衔，封宁远伯。

李成梁雄才大略，胆识过人，素有大将风范。在他驻守辽东之前，蒙古鞑靼插汉儿部多次进犯辽东，由于边备废弛，10

年间明朝有3员大将命丧黄泉。朝廷派他出任主帅后，他"大修戎备，甄拔将校，召收四方健儿，给以厚饩，用为先锋"，由是"军声始振"。据《明史·李成梁传》记载，他第一次镇守辽东22年，"先后奏大捷者十，威镇绝域，武功之盛，二百年来未有也"。如在万历七年（1579）后，蒙古首领土蛮多次领兵数万，向锦州、义州、大凌河、松山、杏山及广宁等地侵袭，都被李成梁战败。此后蒙古部族又几次侵犯锦州、义州、大凌河，皆因李成梁率部下英勇抗敌，驱敌出境。万历九年（1581），蒙古黑石灰部复来犯，李成梁复击驱之。万历十年（1582）炒花部复入侵，李成梁率军斩吐默特酋等敌军无数，辽东寇患经20年基本解决。

明万历八年（1580），明神宗命辽东巡抚周咏在广宁城内修筑了一座精致的石牌坊，以表彰李成梁镇守辽东的功绩。这座李成梁石坊是锦州地区明代重要的建筑之一，现在仍然保存完好。

李成梁虽战功卓著，但也因晚年过失而两次被解职，主要错误是匿败不报或掩败为功。李成梁晚年贵极而骄，奢侈无度，飞扬跋扈，杀良冒功。但瑕不掩瑜，李成梁仍然不失为明朝中后期一位杰出的军事将领。他93岁时病逝于北京，葬于仰山之北（今北京附近）。

袁崇焕、赵率教两获大捷

明清之交，明清双方为争夺辽西，在锦州地域共发生过五次战争，历时22年，史称明亡清兴之战或明清辽西之战。这五次战争分别是：明天启二年（1622）一月的西平堡与广宁（今锦州北镇）大战、明天启六年（1626）一月的宁远（今兴城）大战、明天启七年（1627）五月的宁锦（今兴城和锦州）大战、明崇祯四年（1631）八月的大凌河（今锦州凌海）大战、明崇祯十二年（1639）二月至十五年（1642）四月的松锦（今锦州及城南松山一带）大战。

在明天启二年一月的明清辽西之战第一场战役——西平堡与广宁之战中，明军大败，广宁以及广宁以东、以北数十座城池全部被后金占领，明军辽东总兵府被迫退至山海关。

在明亡清兴之战中，明军阵营涌现出熊廷弼、孙承宗、袁崇焕、赵率教、何可刚等多位勇猛抗击后金的英雄人物，其中最著名的是镇守辽西的主将袁崇焕，其次是锦州总兵赵率教。

袁崇焕（1584～1630），字元素，广东东莞人，明天启二年正月，被破格提升为兵部职方主事。时值后金国努尔哈赤的女真族军队多次侵扰，守卫辽东的14万明军抵挡不住后金女真军队的进攻，宁远（今兴城）东北部地区大都陷落于后金之手。明廷决定退守山海关。袁崇焕单骑来到山海关，仔细考察了那里的情况。回去后向明熹宗请战说："给我兵马钱粮，我一个人就可以守住此地。"不久，他被提拔为宁前兵备佥事，指挥关外军队对抗后金。不久晋升兵备副使，再晋升右参政。

袁崇焕

明天启五年（1625）夏，辽东经略孙承宗与袁崇焕商议，决定营建关、宁、锦（即山海关、宁远、锦州）防线。孙承宗与袁崇焕派遣明军分别占据了锦州、松山、杏山、大凌河、右屯、小凌河等地，修缮城郭进驻，先后收复了后金侵占的200里疆土。从此，宁远不再是边城，而变成了内地。

明天启六年一月，后金大汗努尔哈赤率后金军进攻宁远城，袁崇焕率城上明军先用弓箭和石头猛击后金军，又用红夷大炮大量杀伤后金军。后金军在明军红夷大炮的轰击下，很快溃不成军，努尔哈赤亦被大炮所伤，后于八月中旬在沈阳附近的瑷鸡堡去世。袁崇焕取得宁远大捷，不久又取得了宁锦（宁远、锦州）大捷。崇祯皇帝即位后，命他以兵部尚书兼右副都御使之职，指挥蓟辽军队，兼理登州、莱州、天津的军务。

努尔哈赤第八子皇太极曾目睹袁崇焕与后金军在战场上的搏杀，父汗死后，他继任汗位，决心报仇，多次攻打明辽西守军。

明清辽西之战初期，赵率教因多次荣立战功而晋升，是袁崇焕手下一员猛将。明天启七年三月，赵率教任左都督、锦州总兵，奉袁崇焕之命从宁远移镇锦州。五月，清军主将皇太极率后金兵合围锦州，赵率教巧用缓兵之计欺骗皇太极等待议和，但好几天过去，皇太极还见不到赵率教议和的具体行动，才知道是赵率教借机加固了锦州城垣。恼羞成怒的皇太极于是率后金军猛攻锦州城，赵率教率领明军拼死据城固守，并用火炮猛轰后金军，坚守锦州城24天岿然不动，后金兵伤亡惨重，被迫败退。赵率教坚守锦州城的战役，明史称为"宁锦大捷"。此后明廷封赵率教为太子少傅，世袭锦衣千户。明崇祯二年（1629）十一月，赵率教与后金军战于遵化，中流矢以身殉国，享年60岁。

皇太极认为宁远、宁锦两次大战的失败，主要原因是袁崇焕是他经山海关进入中原的"拦路虎"，于是他用了一计，决定绕过山海关，从北面直接攻打北京城，从而调动袁崇焕进京"勤王"，实施"反间计"，除掉袁崇焕。

明崇祯二年十月，皇太极亲率大军避开山海关，绕道内蒙古，从北面进攻北京城。当袁崇焕在山海关巡视时，得到皇太极进攻京师的军报，急点9000骑兵，日夜兼程，前去救援。袁崇焕驻兵北京广渠门外，兵无粮，马无草，白天作战，夜间露宿。但他身先士卒，中箭的衣甲，竟像刺猬一般。袁崇焕连获广渠门和左安门两捷，京师转危为安。皇太极后用反间计陷害袁崇焕，结果崇祯皇帝中计，误以为他通敌谋反，于是将他逮捕入狱。第二年八月十六日，一代名将袁崇焕在北京西市被凌迟处死，时年47岁，但他的英名得以流芳千古。

明清松锦大战

松锦大战是明亡清兴之战中最后一次大决战，以清军全胜而告终。

明崇祯四年（1631）八月至十月，后金大汗皇太极发动了大凌河（今锦州凌海）之战，后金军边攻打边围城，历时近3个月，守城明军及援军死伤惨重，大凌河城多日断粮，明军将战马全部杀尽充饥，城内甚至"活人相食"，让人惨不忍睹。八月末，大凌河城明军主将祖大寿被迫出城投降，明军在锦州以东全部失守。此后祖大寿逃到锦州又任锦州明军主将。

明崇祯九年（1636），皇太极在沈阳称帝，建国号大清，改元为清崇德元年。大清建立之后，皇太极加快了全面攻占辽西的步伐，意在为清军的最终入关奠定基础。

松锦大战前，明军对锦（州）、宁（远）、松（山）、杏（山）等城池防守严密，清军一时难以实现其全面占领山海关以东地区，进而进攻燕京（北京）的企图。明崇祯十二年二月，皇太极决心以倾国之力，夺取锦宁防线，打开山海关，突破进军关内的最近通道，所以发动了明清松锦大战，成为清统一东北、进军关内、夺取明王朝天下的战略决战。

从崇祯十二年（1639）二月开始，清军围攻明军驻守的锦州城南的松山，并于锦州城郊打败明援军。松山被围40天，后清军虽然撤出松山外围，但已经陆续攻占了锦州东部和北部外围大部分地区。十三年（1640）三月，明蓟辽总督洪承畴命总兵祖大寿、吴三桂增防锦州、松山。皇太极增兵辽西开始了松锦大战的准备。之后皇太极坐镇沈阳，由多尔衮、豪格负责指挥锦州战事。

明清松锦大战清军主帅皇太极

清调集重兵夺取锦州的动向已明，明廷派兵部尚书洪承畴总督蓟辽军务驻宁远。十二月，明廷调各地军队增援锦州，总共马兵4万、步兵9万，均归洪承畴指挥。松锦大战，明清两军参战总兵力达38万多人，其中清军20万人，明军18万多人（含宁锦守军），战况发展分为三个阶段。

第一阶段：清军围锦，打援失利。

崇祯十四年（1641）七月至八月，松锦大战初期，清军一部分加紧围困锦州，另一部分在锦州城南的松山、杏山之间阻击洪承畴援军，企图打下锦州。洪承畴用骑兵围绕松山三面驻营，清军出击失利，死伤很多。

清军在松山城下出兵失利，求援沈阳。清太宗皇太极闻讯后，急得忧愤呕血，鼻衄病发，出血不止。他不顾病重，立即调兵遣将，悉索沈阳15岁以上男丁从军，并胁迫朝鲜王太子，以其火器较优，带兵从征。八月十四日，传令各部兵马，星集京师，亲自带领骑兵昼夜驰行6天，于八月十九日来到松山齐家窝堡。

第二阶段：松山大战，消灭明军主力。

八月十九日当天，皇太极决心先切断明军粮道。他将八旗主力调到锦州、杏山之间，挖壕建垣，断绝明军由宁远向锦州送粮的通道，并连夜令清军挖了从松山向南至海边深8尺（约2.7米）、宽1丈（约3.3米）的三道长壕（锦州城南三道壕地名的由来），将10万明军围困其中。八月二十日，明清两军在锦州、松山、杏山、高桥、塔山等地全面展开战斗。明军的多次冲击都被清军杀退。与此同时，清援军阿济格部攻占塔山与笔架岗（今笔架山），在笔架岗夺得明军粮食12堆。接着清军多尔衮、豪格率主力骑兵击溃松山城东、北、西明军骑兵，迫使乳峰山南麓明军7座大营的步炮兵撤退到松山城四周布防。二十一日，洪承畴召开军事会议，共谋对策，诸将一致同意突围，回宁远就食。皇太极得此情报，马上又派兵在北壕挖了三道大壕，将小凌河拦腰截断，明军撤退之路全被封堵。

清军断了明军的粮道，明军一片恐慌，几次出战，均打败仗，乱作一团。洪承畴下令在八月二十二日与清军决一死战。但其军心涣散，溃逃的将士越来越多。清军截道与夜间突围奔逃的明军厮杀，明军又大败。二十一日晚，大同总兵王朴临战先逃，更坏了军心。八月二十六日，王朴、吴三桂只带了少数明军逃回宁远。各镇兵马也争相逃遁，不战自溃。清军乘势出击，大部分明军被赶到天桥、笊笠头海边，当时正值大潮，海中浮尸如雁凫。冲出的一部分明军，在杏山至宁远之间的高桥又遭清伏兵围歼。明军残兵万余人退守松山。松山一战，明军被斩杀 53783 人，溃散 60000 余人，损失马匹 7448 匹，驼 66 峰，甲胄 9346 副，大炮数十门，元气大伤，已无力再战。

第三阶段：松山失陷，洪承畴被俘。

明军总督洪承畴、巡抚邱民仰等带领万余守卒被困松山，洪承畴数次亲自带兵突围不成。明廷从关内仓促派兵前来救援，援军被清军所阻，逡巡不前。洪承畴听说关内援兵将至，便遣兵 6000 于夜间出来接应，战败，损兵 3000。明败兵要退入城中，洪承畴见清追兵已近，竟下令关闭城门，明败兵大部被歼，余部败走杏山，道遇伏击全部被歼。洪承畴至此不敢再战，而明援军也害怕清军而逡巡不敢前来。松山被困半年之久，至崇祯十五年（1642）二月，松山城中粮尽，明军副将夏成德暗中遣人出降，二月十八日夜，夏成德开城门接应清兵，从南城攻破松山。城破后，邱民仰、曹变蛟、王廷臣和副将、道员 100 多人及官兵3100多人被杀。清军俘获明军3100多人，甲胄军械15200多件及各种火器3270件。洪承畴于锦州城南10公里外的吕翁山被清兵俘获（另有二说，一说是洪承畴被夏成德擒获交与皇太极；一说是洪承畴逃到松山西门，在落马坡处被清军擒获），皇太极先劝其投降，洪承畴不从，后被押至沈阳降清。

松山一战，清军歼灭了明朝"边兵"主力，锦州城中的明军更加孤立。被围困了整整一年的锦州守将祖大寿在崇祯十五年（1643）三月八日带领7000人再次向清军投降。松锦大战的失败，使明朝经营了20多年的宁锦防线全部崩溃。四月二十二日，清军攻陷了塔山，城内明军官兵7000人全部战死，士民皆自焚死，无一降者。而后杏山城降。清军毁松山、杏山、塔山三城。至此，明军在辽西地区仅存宁远一座孤城，山海关以东，辽西走廊地带门户洞开，大大加深了北京明朝廷的危机。

松锦大战明军的失败，也与明军内部的腐败相关。清军依靠在松锦大战中的全面胜利，成为最后诱降明军山海关主将吴三桂最重要的筹码，终于迫使吴三桂后来在山海关和李自成农民军作战即将战败的紧要关头降清，并引清军入关。1644年，大清国睿亲王多尔衮和顺治皇帝先后入关进入北京，从而开创了268年的大清基业。

5　明清时代的城市建设与交通

明代锦州城的扩建与完善

明洪武六年（1373），明朝廷在辽东曾设置府、州、县，到洪武十年（1377）便改为州、卫并存制。洪武二十八年（1395），完全废除了辽东州制，全部实行卫所军制，以辽阳治所为中心，形成了都司统治系统。辽东都司是辽东地区最高的军事机关。

锦州是明洪武二十四年（1391）九月由元锦州改为卫所军制的。先有广宁中屯卫，卫制初置东关驿，后迁锦州城，领左、右、中、前、后5个千户所，明宣宗宣德三年（1428）又在松山堡增置中左千户所，辖杏山驿。后有广宁左屯卫。锦州在明代称广宁中左屯卫，又称锦州卫。屯卫是战时出征打仗，平时屯垦种地的建制，它受辖于广宁卫（今北镇）。

据《广宁中左屯二卫山川地理图》示意，以锦州古城南北街为轴线，南北街以东为广宁中屯卫，以西为广宁左屯卫。

就在锦州设屯卫的当年，为了加强城防，指挥使曹凤便将原为土石结构的锦州城墙按旧址筑为外砖里土石夯土的城墙，城墙高3.7米，宽3.5米，四角筑有4个炮楼。之后，锦州有两次扩ensive。一次是明成化十二年（1476），由都指挥王锴组织；第二次是明弘治十七年（1504），参将胡忠、备御管升主持将锦州城南关并入，形状若盘，人们称之为盘城。这时，锦州城周长为3628米，护城河长3955米，宽近12米，深4米，修重楼式东、南、西、北城门四座。天启七年（1627），面对后金兵攻打辽西的局势，明锦州守将赵率教领人对锦州城重新进行了修筑和加固，第二年修成。在明代，锦州城内在元代形成的胡同（蒙古语，街巷之意）的基础上，以鼓楼为中心，基本形成了东西南北四街。

锦州城的鼓楼位于四街中心点，明初建，占地呈八角形（包括南道），约300平方米，高15米，每面长11米，底座面积为121平方米，连底座共3层，台座为四方形，四面由十字券洞构成，洞内可以行人。楼内有巨钟大鼓，至夜，四门紧闭，视漏刻以报时，击鼓报更，鸣钟打点。楼顶为重檐歇山式，宏伟壮观，可惜于1942年日伪时期被拆毁。

锦州古城钟鼓楼

明清时期的广宁卫城

锦州地区的北镇市原名广宁，它在明代有过辉煌的时期。广宁卫城在历史上是一个著名的城市，是明代辽东总兵府驻地，继辽阳之后一度成为东北的军政中心。

辽西一带的军政中心在历史上曾多次转移。三国时代魏统治时到东晋前期在今义县，东晋后期至辽时在今朝阳，金元以后逐渐由今阜新转移到广宁，直至明代。所以广宁卫城修得很大，卫城中心的古楼是明初建护卫城时由辽金显州旧城的南门改建而成的，它是广宁城守备的"中军大帐"，传承着"幽州重镇，冀北严疆"之誉。在广宁，汉置无虑县，唐设医巫守捉城，辽建显、乾二州，金、元升广宁府、路，明为广宁卫，城内镇东堂是东北地区最高军政机关的"会府"，在辽西乃至东北起着举足轻重的作用。

广宁城始建于辽代的第四代皇帝辽穆宗耶律璟（951～969年在位）时期。广宁城平面略呈长方形，南宽北窄，南北长2500米，东西最宽处1600米，周长7200米。在金朝统治的百余年中，这里是广宁府的驻地。1234年金朝灭亡，蒙古人建立元朝，广宁古城遭到严重破坏，最终毁于战火。

明洪武二十三年（1390），朝廷委派指挥王雄在古城旧址重筑长方形卫城，比辽古城规模大。洪武三十年（1397），广宁城进一步修缮，增修雉堞，以防边卫。永乐年间（1403～1424），总兵官刘江主持增扩广宁城东南关以授民居。弘治年间（1488～1505），备御胡忠又增扩广宁城南关1820米，使城周围长达5575米。嘉靖十六年（1537），左少监王永、都御使任洛、总兵官马永又重修古城，城上建箭楼四座。嘉靖三十四年（1555），都御使苏志臬扩建新城，又称南关。嘉靖四十二年（1563），都御使王之诰筑里城，城墙周长达8500米，高11.7米，将卫城扩展到二道河北岸，二道河成为当时的护城河。清乾隆四十三年（1778），乾隆皇帝东巡路过广宁，下令重修广宁城。道光九年（1829）又进行重修。经过这次维修，广宁古城的规模固定下来直到如今。现在的广宁古城尚存完好的鼓楼一座，残破的古城墙数百米。

清代以后的锦县（锦州）与锦州府

清顺治帝福临和睿亲王多尔衮在1644年入关移都北京后，继而消灭了李自成的农民军，又陆续向南方进剿，剿灭了南方的明军残余部队，大清国终于巩固了自己的政权。

清初，在地方上取消了明朝实行的卫所军制，改设州、县，实行省、府、州、县、厅五级行政机构。清康熙元年（1662），并广宁左、中、右三屯卫为锦县，锦县之名自此始。县治所设在锦州（清时锦州称锦县），旧址在锦州老城东街路南，隶奉天府。1911年裁锦县，1913年裁锦州府，又设锦县，县治迁至锦州府址，即锦州老城东街路北。

清代的锦县管辖范围，康熙二十一年（1682）修成的《锦州府志》记载：锦县区域，自县城（锦州）始，至东头台子105里，接广宁县（今北镇）界，南至海30里，西至江家屯（今葫芦岛市钢屯）90里，北至齐家堡45里义州（今义县）界，西南至老和尚台90里宁远州（今兴城）界，东北至大宁堡90里广宁县（今北镇）界，西北至松岭门90里。清光绪三十二年（1906）七月，于锦县西境设江家屯抚民厅，同年九月改名为锦西厅，锦西即锦县西境之意。以后，锦县管辖范围多有变化。

民国初期（1912.1～1931.9）设立锦县公署，隶属辽宁省，治锦州老城原址；日伪统治时期（1932.1～1945.8）依然设立锦县公署，治所依旧，先隶属奉天省，后隶属锦州省。国民党统治时期（1945.11～1948.10），仍设锦县，治所未变，隶属辽宁省。随着1948年10月15日辽沈战役锦州攻坚战的胜利结束，国民党的锦县政府也垮台消失了。

1945年11月26日，国民党军队占据锦州以后，共产党领导的西北山区解放区于1946年7月成立了锦义联合县，隶属于热河省热东专署（十八地委）。1948年7月10日，热东地委决定,撤销锦义联合县建制,分设中共义县县委和中共锦县县委,分设的锦县县委(含政府,下同)设在锦县辖区大屯区的松树嘴子(今属朝阳县),以后又迁到距松树嘴子5里的三家子,不久又迁到松岭门、郭大屯(郭家窝铺)。1948年10月15日锦州解放后,中共锦县县委和政府于16日由郭大屯迁到锦州老城旧县公署院内,住了6日,因不便领导农村工作而迁到锦县辖温滴楼区流水堡村。1949年3月又迁至大凌河甸子(镇),直到1993年11月撤县设立凌海市至今。

历史上的锦州海运与陆路运输

流经锦州的大、小凌河,渤海湾北岸的锦州西海口和东海口两个商港,在中国的历史上,早已闻名遐迩。

据《奉天通志》的记载,凌海市城南马蹄沟是小凌河口,即凌海市境内之东海口,小笔架山东边有锦州境内的天桥厂西海口。这两个海口在明清两代都是繁华的商港。

天桥厂西海口是锦州境内最繁华的帆船商港。《盛京通志·海疆详志》记载:明万历年间,锦州城南70里处西海口,即对外开为商埠,其进口船只来自福建、广东、宁波、安徽、上海、山东等处。凡沿海各省物产、药材与外洋货,统由此港输入。其出口货物主要是粮食和油料作物,粮食以高粱和小米为大宗,油料以大豆为大宗,药材以甘草为大宗。清同治初年,西海口又准运杂粮,遂使商船进口达千余,口岸盛况空前。

东海口港,在清代中叶乾隆、嘉庆年间极为繁荣,每岁进口船只约千余艘,大都运载来自天津、山东两处之小麦和关内各省的物产,还有从关内转口的外洋货物,出口货物以杂粮和土产为大宗。自清同治初年,由于天桥厂西海口港准运杂粮,东海口船只为之大减,又因河道被洪水淤塞,外地商船遂逐年转入西海口,从此东海口走向衰落。

清道光和咸丰年间,西海口是最兴旺的,每年往返的商船都有上万只,运往关内的大批货物中,有大豆、酿酒用的高粱,还有人参、貂皮等。中原地区和东南沿海地区的茶叶、轻工制品运到锦州西海口后,又通过大小凌河运送到锦州东、西海口辽阔的腹地,甚至到内蒙古东部的物资集散地库伦。

从1914年开始,日本人陆续来到锦州口岸,收购中药材,兼营日货。后来由于营口商埠开通,至京奉铁路修成通车后,商船来者愈稀,锦州的东、西海口两个商港逐渐衰落。

清代晚期,清政府于光绪十九年(1893)动工修建京奉铁路(北京到奉天)关外段,光绪二十九年(1903)铁路修到新民。至此,锦州境内铁路全部建成,全长312.5公里,以沈山线为骨干,还连通了八条支线。在此期间还建设了锦州火车站,加之陆续扩建的公路,锦州由此又成为连接关内外的陆路交通枢纽,对于当时陆路运输的发展起到了重要的作用。

6 明清著名人物轶事

李如松抗倭援朝名垂青史

明朝名将李如松(1549~1598),辽东总兵李成梁长子,从16岁开始在广宁(今锦州北镇)随父亲李成梁从军镇守辽东,骁勇善战,屡立战功,任宁远伯勋卫。他于明朝万历年间指挥了闻名世界的壬辰抗倭援朝战争,是明朝继俞大猷和戚继光之后的又一位抗倭名将。

明神宗万历二十年(1592)五月,以日本(古称倭国)丰臣秀吉为首的主战派要求朝鲜国王允许日军经朝鲜进攻明朝,被朝鲜拒绝。丰臣秀吉以此为由,正式侵略朝鲜。他梦想先征服朝鲜,再征服中国,继而征服印度,建立他的亚洲大帝国。倭军以小西行长和加藤清正为先锋,统领10万大军,从朝鲜的釜山登陆,先后占领了王京(今首尔),随后又攻陷了开城、平壤,蹂躏了朝鲜大片国土,朝鲜国王李昖遣使向明朝告急,要求发兵援救。明廷深知倭寇"之图朝鲜,意实在中国"(《明史纪事本末·援朝鲜》),为解唇亡齿寒之忧,决定立即出兵。

万历二十年十二月,明廷任命李如松为东征提督,统蓟、辽、冀、川、浙诸军4万渡过鸭绿江援助朝鲜。他的弟弟李如柏、李如梅任副总兵同军前往。十二月二十五日,李如松誓师东渡,万历二十一年(1593)正月,中朝两国军队配合作战,进攻已被倭寇占领的平壤。八日黎明,李如松指挥明军抵达平壤城下,攻城东南。倭军炮火箭矢如雨,明军渐渐撤退。李如松亲手斩杀最先后退的士兵示众,招募敢死之士攀梯、登钩而上城墙,杀敌数人不退,倭军全力防守。李如松命令杨元等人从小西门先攻入城,李如松等也从大西门攻入。作战时,李如松坐骑被炮炸死,他换马继续冲杀驰骋,摔到战壕里,鼻子流血,仍然指挥士兵继续进攻。明军无不以一当百,前队牺牲,后队紧跟,突击冲杀于城墙,终于获得平壤大捷。明军在平壤大捷中歼灭倭寇的人数有数千人到1万多人不同的说法,据《朝鲜史》记载,此战共歼灭日军1万余人,烧杀溺毙无数,逃散者不及倭寇总数的十分之一。十九日,李如松之弟李如柏率军收复开城,杀敌165人。朝鲜郡县如黄海、平安、京畿、江源四道一齐光复平定,会师平壤。驻守咸镜道的倭寇首领加藤清听到开城被明军攻破,也逃奔王京。不久,王京也被明军收复。二月,倭军退到釜山,朝鲜国土基本全部光复。

万历二十一年十二月,李如松班师回国,以指挥壬辰抗倭援朝战争的功勋加太子太保,升任中军都督府左都督。万历二十五年(1597),李如松擢升第四十六任辽东总兵,常驻广宁。次年四月,蒙古鞑靼部进犯辽东,李如松率轻骑追击进犯之敌,途中遭到埋伏,阵亡于抚顺浑河一带,卒年49岁。朝廷追赠他少保宁远伯,立祠谥忠烈,并以其弟李如梅代总兵。

清帝东巡过锦州

皇帝出巡是中国古代社会的一项重大政治活动。

大清定鼎中原之后的268年中,曾有四位皇帝先后十次东巡祭山、谒陵、巡边、问苦,其中康熙帝三次,乾隆帝四次,嘉庆帝两次,道光帝一次。在经锦州地域东巡祭山、谒陵的同时,各位皇帝还行围习武,考核吏治,联络蒙古,考察农牧,提倡文化,固边御侮。

据《康熙起居注》记载,清康熙帝玄烨在逮捕鳌拜夺回朝政大权后,18岁第一次东巡,于康熙十年(1671)九月十三日经锦州府召见锦州府知府宋之铉,询问锦州府两州、两县情况,宋之铉如数家珍。康熙帝大悦。翌日,康熙帝在明清松

锦大战清太宗皇太极擒明臣洪承畴处吟诗一首,题为《吕翁山》(即松山):

> 旌旗直卷阵云沉,壕堑遗踪尚可寻。
> 十万健儿皆解甲,一时大帅此成擒。
> 民情效顺当年事,王业维艰圣主心。
> 遂使关西如破竹,至今战气昼阴森。

康熙帝于康熙二十一年(1682)春第二次东巡。二月二十八日至广宁(今北镇),驻跸广宁公祠(今称北镇庙)。三月初一日祭医巫闾山,祈祷医巫闾山山神保佑大清江山永固,国泰民安。

据《乾隆起居注》载,清乾隆帝弘历四次东巡。乾隆四十三年(1778)七月,乾隆帝68岁第三次东巡。八月初四日于锦州道中留诗一首:

> 锦州道中书事
> 更戍图攻地,当时剋取难。
> 终焉降师范,何有赖呼韩。
> 事已登青史,名犹籍锦官。
> 两金久耆定,一例蜀民安。

乾隆帝问锦州府知府兆坊,锦州东西两海口海运如何?兆坊跪答:托圣祖仁皇帝皇恩浩荡,锦州海口繁荣昌盛。

据《嘉庆起居注》载,清嘉庆帝颙琰两次东巡。嘉庆十年（1805）七月至九月第一次东巡，军机大臣大学士庆桂（锦州人，尹继善之子）扈从。八月初二日驻跸锦州城南杏山，留诗一首：

    重经松山杏山敬纪
  承畴一见识真主，天与人归正统开。
  策马坡坨经故垒，艰难肇造版图恢。
  祖武昭垂遗迹存，十三万众望风奔。
  孙臣安享升平业，弥懔持盈念本原。

  诗中"承畴"正是指投降大清的洪承畴，是赞赏洪承畴投降明主之意。

  据《道光起居注》载，清道光帝旻宁东巡一次。于道光九年（1829）八月至十月东巡谒陵祭山，九月初三日，驻跸锦州城南杏山大营留诗一首：

    望杏山松山述事
  忆昔王师压锦城，十三万众集明兵。
  文皇二白风云疾，胜国千军草木惊。
  承德承畴终背主，山松山杏尽连营。
  追维创业诚非易，仰见神谟速且精。

  诗中回顾了当年明清松锦大战清军的胜利，抒发了创业艰难的感慨。道光帝东巡之时，大清朝已是危机四伏。

清代贤臣尹继善

锦州古城内北街路东曾经有一个尹阁老胡同（即四中胡同），胡同居中坐北朝南有一座典型的北京四合院，这座豪宅门楣上有清乾隆帝御笔亲书的"韦平介祉"四字匾额，左右有嘉庆帝亲笔书写的"名重三朝三相国，勋隆一代一贤臣"的御制楹联。四合院的主人就是曾经在雍正、乾隆、嘉庆三朝为相的尹泰、尹继善、尹庆桂祖孙三人。在尹氏祖孙三人中，尹继善最为功勋卓著。

尹继善（1695~1771），字元长，号望山，大学士尹泰第五子，清满洲镶黄旗人，世居锦州，雍正元年（1723）进士，历任翰林院编修、云贵广西总督、刑部尚书、陕甘总督、文华殿大学士、军机大臣等职。

雍正十年（1732），尹继善任两江总督，兼挂江宁将军、河道总督、江苏巡抚等九印，两江黎民皆称颂尹公为官廉洁，办事有方。尹继善查出江苏自康熙五十一年（1712）至雍正四年（1726）间，官吏侵吞白银472万两，欠交米粮1011万石。尹继善告诫官吏："补足银粮，既往不咎。"侵吞官吏于半月内全部交出侵吞的白银、粮米。尹继善力矫前弊，革故鼎新，上疏请禁止乱收漕米规费，将平粜盈余收归县库，常平仓米任民自愿捐纳，并重新安排苏松防务，加强长江防地保卫，疏浚运河，加强两淮盐政管理和缉私七策，对繁荣江南作出了巨大的贡献。乾隆帝御笔亲书"巨擘"巨匾赐尹继善两江总督衙门正门。雍正十一年（1733），尹继善任云贵广西总督时，彻底平息了西南少数民族的叛乱。

尹继善50年的宦海沉浮中，曾任30余年的封疆大吏，也曾先后受小人的诬陷、弹劾，曾10次被贬、9次受处罚，但他毫无怨言，雍正、乾隆二帝都曾称赞"尹元长忍辱负重，代人受过，可谓一代贤臣"。

乾隆三十六年（1771），尹继善病逝于北京，著有《尹文端集》。闻知尹继善病逝，乾隆帝称赞尹继善一生为社稷尽忠，为父母尽孝，真乃千古忠孝完人。清代著名大诗人袁枚为尹继善撰写了墓碑碑文。

陆善格归隐锦州多行善

陆善格（1848～1919），字宝臣，锦州府人。祖籍浙江绍兴府，南宋著名爱国诗人陆游二十七世孙。陆善格先祖自大清定鼎后，迁居奉天，后迁居锦县（今锦州）。

清光绪六年（1880），33岁的陆善格于科考中进士，入翰林院，成为清末翰林。陆善格先后在江西、安徽、四川等地做地方官，他革除积弊、力行新政、官无胥吏、狱无冤民、创办学堂、倡修水利、兴植林木、清正廉洁、秉公执法，所到之处颂声载道。

辛亥革命后陆善格归隐锦县（今锦州）。陆善格回锦县后千方百计为家乡父老多做善事。在陆善格的倡导下，李维世、高绍辛、田鸿文、佟文政、高国光、圆通、安慈等人创办了几所私立学堂，解决了锦县一些儿童上学的问题。陆善格看到，还有一些家贫的学龄儿童不能上学读书，他便亲自拜访锦州巨商黄吉甫，希望他能出资创办义学，黄吉甫慷慨应允，很快办起了"黄氏义学"，书、本、笔、墨全部由学校供给。陆善格家常收留残废儿童、青年求学者或求帮助生活者,他说服了商会会长郑克实创办了一所"习艺所",专门收留残废儿童、青年,教他们学习编织、裱糊、搓绳、裁剪等养家糊口的手艺。

民国6年(1917),锦县县知事王文藻特聘陆善格接任圆通法师继续牵头纂修《锦县志略》,陆善格欣然应聘。陆善格又请来朱显庭、李维世、高绍辛、高国光、圆通、安慈等46人共同纂修。为了编写好《锦县志略》,他要求纂写的29卷,一定都要做到真、实、准、正。有一天夜晚,陆善格在大广济寺,抄写周将军祠中金文淳撰写的《周忠武公祠碑记》,抄到"冯公孙之旧居,不见谈兵之帐"时,小堂役笑着说:"陆老爷您抄的这句错了,应是'不见谈兵之树'。"陆善格看原底稿是"帐"字,自己抄的也是"帐"字,心想有可能是原底稿错了,于是提灯笼出城核实碑文。当天夜里下着鹅毛大雪,陆善格来到周忠武公祠,细看碑文,果然是"不见谈兵之树","帐"字不对。这就是在撰写《锦县志略》时,流传下来的"陆翰林雪夜观碑"的故事。

正当《锦县志略》既将成书时,民国8年(1919)农历六月二十六日陆善格病逝。陆善格住宅门前有一副高绍辛撰写的楹联:"文章焕冕冠凌水,家法端严比象山。"这两句话基本概括了陆善格的一生。

7 锦州佛教史略

佛教传入锦州的时间较早,在全东北应数锦州地区佛教洞窟和寺院规模最大、分布最广。在锦州地区，佛教是信众最多、影响最大的宗教。

两晋十六国时期，著名高僧佛图澄于晋永嘉二年（308）到今辽西一带传播佛教，佛教开始传入锦州。前秦王苻坚于建元四年（368）派高僧竺佛念为高句丽小兽林王朝送去佛经、佛像，途经棘城（义县），佛经即传入锦州。北魏孝文帝太和二十三年（499），平东将军营州刺史元景为孝文帝祈福消灾，在河城（今义县）西北泸河北岸福山山崖上开凿万佛堂石窟。隋炀帝大业七年（611），昙曜法师的第六代弟子玄元和尚肇建了今锦州地区也是东北地区最早的佛教寺院——普济寺（今称大广济寺）。唐高祖武德元年（618），清净法师于大兴老母山（今称北普陀山）老母洞（今称观音洞）肇建圆觉寺。唐太宗贞观十九年（645），鄂国公尉迟敬德在闾山西麓肇建宝林禅寺（俗称宝林楼）。唐文宗大和元年（827）渤海僧人贞素在医巫闾山肇建万古千秋寺（今称青岩寺）。

辽代是锦州地区佛教最兴盛的时代。辽开泰九年（1020），辽圣宗耶律隆绪在宜州（今义县）肇建咸熙寺（今称奉国寺）。辽道宗清宁三年（1057），辽道宗耶律洪基颁诏敕建锦州临海军佛舍利塔——大广济寺塔，清宁九年（1063）秋竣工。清宁十年（1064）四月初八佛诞日，举行了锦州临海军佛舍利塔落成、佛像开光、浴佛盛大法会。辽天祚帝耶律延禧乾统二年（1102），在显州（北镇）肇建"万古千秋极乐净土福德智慧双塔"（今北镇崇兴寺双塔）。乾统七年（1107），在宜州崇义军（义县）建造"阿耨多罗三藐三菩提塔"（今义县广胜寺塔）。乾统八年（1108），在宜州宝积山（今义县前杨乡八塔村西山）肇建八塔（今义县前杨八塔）。

蒙古汗国中书令耶律楚材提出"以儒治国，以佛治心"的治国方略，佛教逐渐在蒙古汗国乃至元朝盛行。元世祖忽必烈于至元二十五年（1288）批准被俘的南宋恭帝赵㬎在锦州临海军永乐县（锦州）北普陀山出家。

民国元年（1912）八月，锦州地区39座寺院发起成立"中华佛教总会锦州分部"，推选大广济寺方丈——圆通法师为锦州佛教协会会长。圆通法师撰写了80万字的《锦州古刹》，四处化缘，修葺了大广济寺塔、大广济寺、观音阁，保护了锦州地区的古文物，多次在各寺院讲经，弘扬佛法，并致力于多项社会公益慈善和救灾扶贫事业。

佛教属于唯心主义的思想体系，一方面有着消极避世的思想，影响了广大人民群众对统治阶级压迫的反抗；但另一方面，佛教思想在信众的个人修养方面也包含着一部分积极的思想内容，对于促进各民族的融合与社会安定，起到了一定的积极作用。锦州历代佛教事业遗留的佛教建筑，已经成为如今旅游业的重要人文景观。

二　百年风云

辛亥革命以后，近代中国人民反帝反封建的斗争进入了新的历史阶段。1921年中国共产党的成立，使中国人民的革命有了新的领导核心，中国革命从此在中国共产党的领导下，不断向前发展。九一八事变爆发后，面对日本帝国主义的野蛮侵略，在中国共产党武装抗日的号召和张学良的支持下，辽宁省警务处处长黄显声在锦州创建了东北抗日义勇军，锦州由此成为东北抗日义勇军和《义勇军进行曲》的发祥地。锦州又是中国解放战争三大战役中第一大战役——辽沈战役的主战场，锦州攻坚战的胜利，为辽沈战役乃至中国解放战争的全面胜利奠定了坚实的基础，锦州也由此成为英雄的城市。新中国成立后，锦州一直在辽西大地上领跑，对辽西乃至辽宁全省的经济和社会发展起到了举足轻重的作用。

锦州的历史文化之花，通过历代锦州人民的辛勤浇灌，绽放得更加美丽。回顾锦州的百年风云，将激励当代锦州人民进一步弘扬爱国主义精神，更加热爱自己的家乡，为实现锦州全面振兴作出新的贡献。

1 欧阳强创建辽宁第一个中共党支部

中国共产党组织在锦州的出现始于 1923 年。当时，京汉铁路"二七"惨案发生后，唐山铁路当局大肆搜捕共产党员和工人运动积极分子。中共唐山地委为了保存革命力量，开辟新的活动基地，先后派共产党员欧阳强等到京奉铁路关外段开展工作。欧阳强到锦州后，联络其他共产党员，于 1923 年下半年在北镇沟帮子建立起中共沟帮子铁路小组，1924 年上半年成立了中共沟帮子铁路支部，欧阳强任书记，隶属中共唐山地委领导，这是辽宁境内的第一个中共党支部。

中共沟帮子铁路支部建立后，在上级党组织的领导下，团结广大工人群众，唤醒工人觉悟，领导铁路工人为维护工人的政治权利和经济利益，向反动当局开展了多种形式的斗争。如成立工人夜校，学员有 100 多人；秘密学习三民主义，传播马列主义，抨击黑暗势力，配合国民军阻止日军西进；组织工人对军阀的黑暗统治进行反抗斗争等。由于中共沟帮子铁路支部在斗争中有计

欧阳强

谋、讲策略，这些活动均取得了胜利。

　　1927年10月，中共临时满洲省委（次年9月，改为满洲省委）成立后，中共沟帮子铁路支部与京奉铁路关外段的其他组织统一划归中共满洲省委领导，很快成为北宁铁路关外段工人运动的中心。沟帮子铁路支部的组织活动继而扩大到营口、锦州、大虎山、彰武、通辽、北票，几乎遍及辽西各地、北宁铁路各线。1930年3月，沟帮子铁路支部改为特别支部，仍由欧阳强担任书记。1930年年底，年关（即争取年终余利分红，为工人增加收入）斗争即将爆发的前夕，中共满洲省委派省委组织部部长杨一辰到沟帮子巡视工作，并传达刘少奇的指示。针对当时的斗争形势，刘少奇指示："必须将这次'花红'斗争搞好，搞成功，斗争的策略应当是保护工人的经济利益。斗争中要广泛地发动群众，提高工人阶级觉悟，保存党的实力，不能暴露组织。这次斗争主要是扩大影响，团结工人，教育群众……"在刘少奇的关怀指导下，震撼北宁铁路的争取年关"花红"的斗争取得了胜利。

　　1931年以后，欧阳强先后到营口、唐山、广东乐昌等地从事共产党地下工作。1947年10月，欧阳强第三次被国民党特务逮捕，1948年4月26日在乐昌被国民党杀害，享年54岁。

2　张作霖、张作相、张学良与锦州

　　张作霖（1875～1928），字雨亭，辽宁海城人。北洋奉系军阀首领,人称"东北王",后任北洋军政府陆海军大元帅,行使中华民国总统职权,是北洋政府最后一位统治者。

张作霖最早发迹是在锦州北镇。张作霖14岁时,其父去世,兄妹四人随母王氏投奔广宁县(现锦州北镇)高山子镇赵家村张作霖的姑母家,张作霖后来在营口参加清军,1895年3月甲午战争清军败北后,张作霖逃回赵家村。财主赵占元见张作霖是个人才,于是让他组织保险队看家护院,他由此发迹直到后来投身绿林。在此期间,赵占元把次女赵春桂(张学良生母)许配给张作霖为妻。张作霖共有六位夫人,其中有四位是北镇人氏。张作霖飞黄腾达之后,于1923年在北镇高山子镇赵家村肇建了张作霖家庙以光宗耀祖。现在,张作霖家庙90余间房屋已不存,但部分庙墙、炮台和石碑尚存。

张作霖统治东北期间,东北的军火工业发展到较大的规模。第一次直奉战争中,奉军失败退至关外,东三省议会遂推举张作霖为东三省保安司令,宣布东北"独立"。第二次直奉战争时,奉军大胜。1924年10月,张作霖来锦州,为张作相救命恩人李老夫人祝寿,出资维修李宅及锦州古城四门。1925年,浙江督军孙传芳突然向奉军发动进攻,奉军将领郭松龄倒戈要求

张作霖

张作霖下野,张作霖陷于南北夹击的境地,后郭松龄兵败被处决。1926年,张作霖出任安国军总司令,宣布"反共讨赤"。1927年4月,逮捕并杀害了共产党人李大钊等20余人。1927年6月,在北京就任北洋军政府陆海军大元帅。1928年,蒋介石下令讨伐奉军,张作霖见大势已去,遂下令全军撤退。因为张作霖未能全部满足日本人提出在中国东北享有的种种特权,因此被日本帝国主义视为眼中钉。6月4日,张作霖乘火车从北京回奉天,途经皇姑屯车站,被日军炸死。此后灵柩暂时停放在沈阳东关小珠林寺内,9年之后的1937年6月,张作霖的遗骸被安葬在锦州凌海市驿马坊张作霖墓园。

张作相(1881~1949),字辅忱,锦州义县杂木林子(今锦州凌海班吉塔乡)人,奉系军阀,陆军上将。1897年,16岁的张作相为给兄弟报仇,杀死郭玉,此后投身绿林。中日甲午战争后,张作相与张作霖结拜为把兄弟,共组乡团,由哨官递升至旅长。1922年第一次直奉战争时,任奉军东路军第一梯队司令,奉军战败后,牵头修建锦州北大营营房。1924年,张作相任东北军第四军军长,驻防锦州。这一时期张作相为锦州办了一些好事:建学校办教育、开工厂招收社会闲散人员、修筑小凌河堤、修缮庙宇等。1925年任吉林督军兼任东三省保安副司令。奉军将领郭松龄倒戈,张作相任讨逆军左翼军司令征讨。张作霖死后,张作相支持张学良宣布东三省易帜,服从国民政府,后任东北边防军副司令长官、国防司令。九一八事变后,在1933年初的热河保卫战中,张作相作为中国军队第二集团军总司令,面对日本关东军的进攻率军败退南撤,对热河沦陷负有一定的历史责任。此后，日本关东军多次诱降张作相，他坚持不受。抗日战争后期任国民党第二方面军兼第六军团总指挥，后栖居天津，1949年5月7日病逝于天津。现锦州西郊锦州机场附近尚存张作相官邸，为省级文物保护单位。

张学良（1901～2001），字汉卿，号毅庵，辽宁海城人，奉系军阀首领张作霖之子，国民政府陆军一级上将。

张学良于1920年东三省陆军讲武堂毕业，1923年任奉天陆军二十七师师长、驻防锦州，常与郭松龄游历锦州山川，并学习排兵布阵之法。郭松龄常带张学良去北普陀山和大广济寺，聆听圆通法师教诲。张学良此时出资维修了锦州部分寺庙和名胜古迹。锦县县长齐鹏阁为取悦张学良，在今锦州火车站前为张学良建"少帅楼"，极尽豪华，张学良前后住过4次共8个月。

1928年6月张作霖被日军炸死后，张学良任东三省保安司令，为东北三省最高军政长官。同年12月，张学良不顾日本及亲日派阻挠，宣布东北易帜，服从南京国民政府，实现了全国南北统一，此后任东北边防军司令长官；1930年10月，任中华民国陆海空军副司令，驻扎北平。此间曾兼任锦州的东北交通大学校长。

张学良

九一八事变时，张学良执

行蒋介石的"不抵抗"命令,命令东北军全面撤军,使日军很快侵占了东三省。张学良由一位风流倜傥的东北军少帅,一夜之间变成了被全国人民唾骂的"不抵抗将军"和"千古罪人"。但在此后,张学良退守辽西,又力图收复失地,支持黄显声等人在锦州创建东北抗日义勇军,以民间武装抗击日军。面对日军对辽西的猛烈进攻,东北军和义勇军伤亡惨重,张学良被迫于12月29日下令弃守锦州,将辽西的东北军陆续撤退入关。

1933年3月,因为在对日军的长城抗战和热河保卫战中战败,蒋介石和张学良受到全国舆论的谴责,张学良因受过而辞职。1934年2月后,张学良任国民党西北"剿总"副总司令。1936年4月,与周恩来在肤施(今延安)会谈,张学良提出联蒋抗日,为中共所采纳,遂达成"停止内战、共同抗日"的协议。为逼蒋抗日,张学良会同杨虎城于1936年12月12日发动西安事变,为实现第二次国共合作走向全国抗战奠定了基础。12月25日,张学良伴送蒋介石回南京被扣押,此后遭到长期幽禁。1990年后,张学良逐渐恢复人身自由,1995年离台侨居美国夏威夷,2001年10月14日病逝于夏威夷,享年101岁。

3 李善祥兴办早期实业

李善祥是浙江镇海县港口村人,是民国年间创办锦州实业的第一人。

1912年冬,李善祥抱着"实业救国"的夙愿,辞去浙江镇海县民政长之职，从家乡来到锦县东大荒，代堂兄李厚佑经营"天一垦务公司"。1915年"天一垦务公司"倒闭，为偿还债务，李厚佑将卖与垦农剩下的万余亩土地抵押给李善祥之兄李泳裳。李泳裳在上海经商，无意经营土地，便让李善祥继续经营。

李善祥一改过去"天一垦务公司"的做法，创办了东北第一个以私人资本经营的恒康农场。

李善祥从改良土壤入手，治理大片低洼盐碱地，不惜大量投资，挖通了通海的鲇鱼沟；他雇用浙江家乡会种水稻的农民来此试种水稻，用南方水车车水灌田，首开辽西地区试种水稻的先河；从美国购进4~6匹马拉的新式耕犁，深翻压草，耕作效率大为提高；买了一辆汽车，作为改良运输工具的尝试；购置德国西门子发电机，开东北农村最早用电照明的先河，使千古荒原气象一新；在场部安装了西门子电话总机通向各分场，以便于指挥生产和防匪，这是东北农村最早服务于农业生产和用于治安防匪的电话通信设备；他开设油坊，用自家生产的大豆制成豆油、豆饼，在本地销售并远销关内、国外；用自产的高粱酿酒，用酒糟和自产米糠养猪，既积农肥又增财源……

1927年前后，因为多数股东将资金转向商贸和金融，1928年恒康农场停办。李善祥经营的恒康农场对锦州地域的农业生产起到了很好的推动作用，锦州城郊水稻的引种就源于恒康农场。

李善祥在锦州还创办了"万生酱园"，生产出"万"字酱油，具有咸而不涩、香而不馨、味美醇厚、调味时不温不炀的特点，因而很快誉满辽东、辽西，成为锦州名贵产品。锦州名人陆善格曾写有一副楹联赠万生酱园："名师酿成天南地北，万字誉满辽东辽西。"那时，东北军张作霖大帅及其家属、部下都愿意食用万字酱油，常用专车来锦州将"万"字酱油运至奉天（沈阳）。

1923年，李善祥在锦州南山庙沟，创办了"生生果树股份有限公司"，即后来的"生生果园"。李善祥从日本人经营的辽南果园，以高价购得国光、红玉、元帅、倭锦等苹果树苗，在锦州果园陆续栽植，这是锦州最早出现的苹果树苗。至1928年，以苹果为大宗的各种树苗大部分栽植完毕。其中，苹果1.1万株、梨300株、葡萄800株，果园面积达500余亩。1931年果园开始结果。

果园要兴旺，就要有人才，李善祥还出资在锦州南山开办了以培养造就果树技术人才为宗旨的耕余学院。他聘用的人才既是"生生果园"生产中的技术骨干，又是耕余学院的教员和研究员。在"生生果园"的影响下，20世纪20年代后期，锦州城郊掀起了栽植苹果树的热潮。

1931年九一八事变后，李善祥不愿为日本人出任伪锦县（锦州）农会会长，于1937年7月逃离锦州回到老家，积极参加抗日活动。日本投降后，1946年他返回锦州，支援解放战争。解放后，他将用自己一生心血浇灌的"生生果园"和耕余学院无偿地捐献给了国家，被聘为锦州市人民代表、辽西省政治协商委员会委员，1952年他离开锦州，1959年5月病逝于上海。

4 锦州——东北抗日义勇军的发祥地

黄显声创建抗日义勇军

1931年9月18日夜，日本关东军在沈阳发动了震惊中外的九一八事变，悍然进攻东北军第七旅沈阳驻地北大营。东北军受东北最高军政长官张学良严格执行国民政府"不抵抗命令"的约束，绝大部分面对日军的疯狂进攻不战而退，是日夜东北军死伤600余人，日军仅死亡2人、伤23人。9月19日凌晨5点半，东北军第七旅余部撤退到沈阳东山嘴子东北讲武堂，日军占领了北大营，一夜之间沈阳沦陷。

黄显声

9月18日夜直到19日，日军进攻沈阳市区之时，辽宁省警务处处长兼沈阳市公安局局长黄显声，却没有执行张学良的不抵抗命令，他率领数千公安警察抗击进攻沈阳市区的日军，击毙击伤了一些日军，在日军大批援兵的猛烈攻击下，公安警察部队伤亡近500人，此时东北军陆续撤出沈阳，公安警察部队孤立无援，黄显声和公安警察们最后被迫撤出沈阳，黄显声本人经化装离开沈阳赴北平向张学良紧急汇报。

九一八事变的爆发给东北带来了巨大灾难,除沈阳沦陷外,东北军在全国最大的沈阳兵工厂和制炮厂,连同9.5万余支步枪、2500挺机关枪、650余门大炮、2300余门迫击炮和262架飞机,以及大批弹药、器械、物资,因张学良未能及时安排撤出,全部落入日军之手,成为日军屠杀中国人民的重要武器。九一八事变的爆发以及东北三省沦陷的根本原因,在于国民党蒋介石长期以来对日本侵略采取的"不抵抗政策"。张学良也负有不可推卸的历史责任。

九一八事变爆发后,在不到一周的时间内,辽宁、吉林两省除辽西地区以外的30座城市全部沦陷于日寇之手。在民族危亡的关键时刻,中共中央和中共满洲省委立即发表宣言,号召东北及全国人民武装抗日。

1931年9月23日,张学良将东北三省的军政中心西迁至辽西首府锦州,在东北交通大学(今锦州铁中)和天泰合烧锅院内暂设辽宁省政府行署和东北边防军司令长官公署行署,因为锦州军政两署的主要负责人张作相和米春霖不常驻锦州办公,锦州军政两署实际由辽宁省警务处处长黄显声主持工作。

在中国共产党武装抗日号召的影响以及张学良的支持下,东北民众抗日救国会、辽吉黑民众后援会、东北抗日义勇军总司令部等一批东北抗日救亡组织先后成立,并成为日后东北抗日义勇军的松散型领导机构。东北民众抗日救国会由卢广绩、阎宝航、王化一、高崇民、黄显声等东北军政界爱国人士组成,于1931年9月27日在北平成立。黄显声出任东北民众抗日救国会常委。

9月末,黄显声在锦州军政两署亲自主持召开了锦西、义县、兴城、绥中、北票、黑山、盘山、台安8县公安局局长会议,要求各县整顿民团,组织义勇军,以对抗日军。10月上旬,黄显声和部下熊飞在锦州北街福金生百货店内,邀集一些来锦州求取补给枪弹的民众抗日武装首领召开了民众抗日武装编制、加委会议,由黄显声的书记官、中共地下党员刘澜波整理成民众武装《编委方案》。黄显声确定各地义勇军名称为"东北民众抗日义勇军",在辽西的则称为"辽西抗日义勇军"。据日军控制的《盛京时报》报道,黄显声的《编委方案》里有三个重要决议,一是抗日武力由辽宁省警务处统一编制、统一指挥。"率武装100人以上者,以上尉待之";"率武装骑兵250人或步兵500人以上者,当任为少校营长";"率武装骑兵500人或步兵1000人以上者,当任为上校团长";"不满100人之部队,当俟与其他合并,俟达定额后,派委员检阅,然后付给编成费"。二是弹药由驻辽西东北军各旅垫拨(此项内容最后没有落实)。三是成立联合办事处。在黄显声组织各地抗日义勇军的时候,一些赴北平找张学良要求抗日的爱国志士,也被张学良一一介绍到黄显声这里。一时间,各方爱国志士前来锦州请缨抗日者纷至沓来,黄显声分别委派他们到各地牵头组建抗日义勇军。

黄显声通过《编委方案》的发布,原计划在日军西侵锦州之前,组建8万名义勇军,后来这个计划被迅猛发展的抗日形势所突破,辽西地区抗日义勇军以锦州为中心,很快蔓延到辽宁、吉林和黑龙江三省。到11月末,辽西、辽南地区成立的义勇军就有22路,10万余人。到1932年春,东北各地义勇军已发展到30多路,以后一直发展到58路,还有20余支独立支队,共30余万人。黄显声由此成为辽西乃至东北各地抗日义勇军的缔造者和总指挥,被称为"血肉长城第一人",锦州也由此成为全东北抗日义勇军的发祥地。

在1931年9月到1937年6月的六年时间里,据不完全统计,10多万辽西抗日义勇军将士先后与日伪军作战数百次,击毙击伤日伪军3000多人,给日寇以沉重的打击。

1931年12月30日到1932年1月2日,黄显声按照张学良的指令,率锦州军政两署被迫撤出锦州,到河北抚宁组建东北军骑兵第二师,并出任师长,将抗日义勇军指挥权移交给东北民众抗日救国会。

黄显声是东北军高级将领中最先接受中国共产党积极抗日主张的杰出的抗日将领,并于1936年8月秘密加入中国共产党。西安事变后,黄显声被国民党蒋介石扣押,1949年11月27日被国民党杀害于重庆白公馆监狱。

高鹏振首举东北民众抗日旗

高鹏振原名高青山,字云翔,号竞雄,在绿林中人称"老梯子",1897年出生在黑山县英城子乡朝北营子村一个富裕的农民家庭。

1917年,高鹏振在新民县文会中学毕业后,进沈阳文登书院读书,不久辍学回乡。他先在当地自卫团里当差,因厌恶官场腐败辞职,后来参加绿林组织,杀富济贫。

高鹏振

　　1931年九一八事变后的第九天,即9月27日,高鹏振以绿林旧部为基础,联合周边其他一些绿林好汉,在黑山组建了抗日武装,起初名为镇北军。10月10日,在东北民众抗日救国会联络员张新生(当时化名王立川)的建议下,把"镇北军"改名为"东北国民抗日救国军",高鹏振担任总司令,他明确提出这支队伍的宗旨是"抗日救国",这支队伍成为东北出现的第一支义勇军抗日武装力量。东北国民抗日救国军刚成立时,只有1300多人,后来陆续发展到3000多人,成为东北抗日义勇军的主力之一,曾多次重创日军。

　　1932年1月11日,日军驻黑山新立屯骑兵姬路部队第二中队,在中队长不破直治大尉率领下准备血洗五台子村,高鹏振率300多名骑兵将日军骑兵中队团团包围,最后歼灭大部分日军骑兵,不破直治大尉和广濑中尉当场毙命,76名日军被打死,生擒7人,史称"五台子大捷"。当时国内和日本多家新闻媒体对此进行了报道。

　　日本关东军曾授意汉奸对高鹏振进行招降,高鹏振通过诈降获取了敌人大量的枪支弹药,壮大了抗日力量。后来,高鹏振又率东北国民抗日救国军袭击了新民柳河沟日军铁路运输线，在新民、彰武交界处袭击日军运输车队，在北镇小白屯打死打伤伪警察局局长单喜庭等21人，累计歼灭日伪军200多人。

1937年5月，高鹏振率部转战于彰武、阜新之间，在阜新境内被日伪"讨伐队"包围，突围时受伤。同年6月，在养伤期间，他部下的叛徒双胜为向敌人领赏而将他杀害，享年40岁。

2005年7月19日，辽宁省人民政府追认高鹏振为革命烈士。

全世界关注的"锦州事件"

1931年九一八事变后，张学良将东北三省的军政中心西迁到尚未沦陷的辽西首府锦州，在锦州设立了东北边防军司令部长官公署行署和辽宁省政府行署，简称锦州军政两署，作为退守辽西的抗日政权。

此时，日本关东军制定了对我国东北地区的殖民统治方案，准备在辽宁、吉林、黑龙江、热河四省及内蒙古东部，建立以末代皇帝溥仪为首的傀儡政权——满洲国。他们认为，"在满蒙决不允许锦州政府及旧政权的任何人存在，对其军队一定要讨伐"。为了推翻张学良的锦州军政两署政权，1931年11月间，日本关东军以援助天津日本驻屯军为借口，准备向辽西发起进攻。

在日本侵略者的步步威逼下，国民党蒋介石却继续执行丧权辱国的"不抵抗政策"，幻想依赖"国际联盟"和美国势力的调停来阻止日军西进。1931年11月25日，国民党蒋介石派常驻"国联"的首席代表施肇基向"国联"建议划锦州至山海关地区为中立区，由英、美、法、意等国派军队驻扎，中国军队全部撤往山海关以西。11月27日，英、法、美三国驻华使馆各派外交人员到锦州与辽宁省代理主席米春霖进行密谈、磋商。当天国民政府外交部就正式公布了划锦州为"中立区"。

就在国民政府正式公布锦州为"中立区"的同一天，根据日本关东军司令部做出的"迅速击败锦州之敌后进入山海关一带"的决定，日军分三路向锦州进犯，在黄显声将军亲自领导和指挥下，驻守辽西的东北军和抗日义勇军同仇敌忾，参加了"锦州保卫战"。义勇军在饶阳河一带外围设立了阻击日军的第一道防线，项青山、耿继周等几路义勇军同进犯的日军进行了顽强抵抗，这场激烈的战斗从上午9时一直打到下午3时，与此同时，从营口和通辽出发的另外两路日军也遭到了义勇军的猛烈抵抗，关东军悲观地做出判断，如果在大凌河东岸打起仗来，将会发生九一八事变以来未尝有过的大会战，以日军现有的兵力不可能攻下锦州。再加上美国政府的强烈反对，日本关东军部鉴于内外形势对日本不利，于是紧急下令让关东军迅速从辽西撤军。于是第二天关东军便无可奈何地将军队撤回辽河以东，日军进犯锦州没有得逞。

1931年11月下旬，为了反对蒋介石政府关于设立"锦州中立区"的对外妥协的卖国方案和声援辽西抗日义勇军、保卫锦州和中国主权，在全国范围内掀起了声势浩大的抗议示威游行。北平、天津、上海、武汉、广州等地到南京国民政府请愿的青年学生达3万人。国民政府竟对游行的爱国人士进行血腥镇压，30人被枪杀，百余人受伤。远居法国的华人和爱国留学生愤怒之下,痛打了路过巴黎的国民政府代表施肇基。在此期间,全国各地约17个学生义勇团和战地记者2400余人先后来到锦州。锦州这关内外咽喉要地的"得"与"失",成为海内外和全国各大新闻媒体关注的聚焦点。这就是中国现代史上著名的"锦州事件"。

"锦州事件"的实质,是国民党蒋介石在九一八事变中对日军放弃武装抵抗,致使国土沦丧在锦州乃至辽西的重演。这次抗议和示威行动一直延续到12月上旬。12月4日,南京国民政府慑于全国人民的强烈反对,被迫致电"国联"取消划锦州为"中立区"的提案。在全国人民抗日反蒋怒潮的冲击下,加之国民党内部粤系反蒋势力的逼迫,蒋介石遂采取以退为守的策略,于12月15日宣布下野。

"锦州事件"和"锦州保卫战",对田汉和聂耳创作《义勇军进行曲》产生了直接的影响。

锦州保卫战与张学良弃守锦州

1931年9月18日,日本帝国主义为了推行侵略扩张的"大陆政策",悍然发动了九一八事变,在国民党政府"不抵抗政策"的纵容下,日军一周之内就占领了辽宁、吉林两省的大片土地。当时,东北三省只有以锦州为中心的辽西12个县和黑龙江一部分地区暂时没有沦陷。

锦州是辽西重镇,是辽西地区的政治、经济、军事、文化中心,地处关内外的交通要道,战略地位非常重要,历来是兵家必争之地。沈阳沦陷后,张学良于9月23日通电全国,将东北三省军政中心西迁到锦州,在锦州设立东北边防军司令长官公署行署和辽宁省政府行署（简称"锦州军政两署"），准备收复失地。

锦州军政两署的成立意义重大。因为九一八事变时东北军不抵抗而放弃沈阳等大片国土，使东北人民痛心疾首，锦州军政两署的建立，使国内各界对中国军队收复东北失地尚存一线希望。尤其是在锦州军政两署工作的辽宁省警务处处长黄显声，在中国共产党武装抗日号召的影响和张学良的支持下，他牵头组建了抗日义勇军，与退守锦州的一部分东北军，共同形成了锦州外围的防御力量，以抵抗日军的西侵。

日本关东军的野心是要鲸吞全东北，把东北地区从中国本土分裂出去，所以对新成立的锦州军政两署政权极端仇视。为此，10月8日，日本关东军派遣12架飞机轰炸锦州，目标是辽宁省政府行署驻地东北交通大学、东北军第二十八师兵营和张作相公馆，共炸死居民23人，重伤21人。日军轰炸锦州震惊了国府要员，他们纷纷开始避难。此时的日军忙于占领吉、黑两省，因兵力不足，于是便采取"以华制华"的政策，于11月扶植汉奸凌印清、张学成两股伪军进攻辽西，矛头直指锦州，结果，黄显声及部下熊飞组织辽西义勇军项青山、张海天（老北风）、盖中华等部，协助辽宁省公安骑兵总队，迅速将其歼灭，从而揭开了"锦州保卫战"的序幕。

11月19日，日军占领了黑龙江省城齐齐哈尔。11月25日，日军回师占领新民县城，27日11时许，日军混成第四旅团沿北宁铁路前进，掩护关东军主力进攻辽西，上午9时日军铁甲车和儿岛守备大队抵达饶阳河车站附近，向东北军的护路队铁甲车进攻，东北军的铁甲车立即还击，黄显声指挥耿继周、项青山等几路义勇军在新民县青岗子一带阻击日军，义勇军与东北军铁甲车并肩作战，使日军受到重创。由于日军此次进攻兵力不足，加上国际舆论对日本的谴责，日本军部遂下令停止进攻锦州，急电关东军把在北宁路上作战的军队，全部撤回沈阳。

12月10日，"国联"理事会通过要求日军撤退到铁道附属地内的决议时，日本代表却声明保留进入辽西的"剿匪权"，企图作为再次侵占锦州的借口。结果"国联""对日本剿匪权要求有让步，不列入决议案及宣言中，而由日本代表取宣言保留之方式"。日本陆军中央部和关东军听到这个消息，喜出望外，认为这是"国联对日本进攻锦州的默认"。

12月22日，日本关东军司令部发表声明说："在辽西一带有残忍凶暴的义勇军、别动军、正规军、公安队和纯马贼，合计有10万多武装集团盘踞，其势渐次东进"，"有鉴及此，关东军对辽西一带匪贼正着手剿灭"。接着，日本关东军从营沟路、北宁路、大通路兵分三路进攻辽西，意在摧毁锦州军政两署政权，锦州义勇军与东北军并肩抗敌，战斗惨烈。当辽西形势岌岌可危之际，张学良曾三次致电南京国民政府，请求增援。对此，南京国民政府竟置若罔闻，采取隔岸观火的态度，不派一兵一卒，不增援一枪一弹。面对日军的猛烈攻击，东北军和义勇军伤亡惨重，无奈之下，张学良被迫于12月29日下令弃守锦州，将辽西的东北军全部陆续撤退至关内。

1932年1月3日上午，日军兵不血刃侵占了锦州城，1月

6日，又派装甲车占领了锦西的连山、兴城、绥中，至此，辽西地区全部沦陷。

宋九龄攻打锦州日寇

宋九龄（1875~1965），原东北军中将参议。九一八事变前，任天津长芦盐务缉私局局长。面对国民党的"不抵抗政策"和日军的疯狂侵略，宋九龄向张学良三次请缨，辞去高官，回家乡锦州市凌海沈家台组建抗日义勇军。

1932年8月末，宋九龄辞官骑马离开天津，在凌海沈家台、凌源、朝阳松树卯子、二十家子一带组建成1500余人的抗日义勇军队伍。1932年10月，宋九龄来到北平国民救国军总监部，辽吉黑热抗日后援会会长朱庆澜将军当即发给他一枚关防（大印），拨付给他一批枪支弹药，并决定由总监部每月拨给他军费2500元（伪币），并委任宋九龄为辽西民众抗日救国军司令。此后他不断壮大抗日队伍，人数迅速发展到6000余人，号称万人抗日大军。宋九龄率部经常活跃在锦州、朝阳、绥中、建昌一带，以游击战打击日寇和伪军，接连取得胜利。

1932年10月中旬，宋九龄会同朱霁青、孙兆印等义勇军队伍，决定攻打日军侵占的锦州。宋九龄精心策划制定了作战方案，准备打两个点：一是东北交通大学（现锦铁高中），当时为日军第八师团司令部，先派20名士兵化装成木工混入日军司令部获取了日军部署等情报；二是北大营（现解放军驻军某部），当时是日军驻防地点。

1932年11月22日晚，宋九龄坐镇锦州城北乱山子指挥督战。第二路由义勇军营长赵金华率300人主攻日军第八师团司令部。午夜11点，义勇军战士先将日军司令部站岗的两个鬼子打死，在八个"木匠"向导的带领下，骑兵冲入日军司令部大院，枪炮声、喊杀声、战马嘶鸣声混作一团，火光冲天。另一队义勇军按部署一直打到锦州第六监狱（现新大陆小区），这次战斗打死包括大佐、中佐、少佐在内的日军官兵29人，缴获枪支31支和大批弹药等军用物资。攻打日军北大营的义勇军营长李世君率700人把北大营团团围住，可遗憾的是由于叛徒告密，日军有所察觉先开了枪，义勇军被日军火力网阻截。而义勇军刘营长的200人未能准时到达，兵力不足，义勇军伤亡较大。

后半夜1点30分左右，锦西伪警察部队乘火车增援锦州日军。宋九龄果断命令义勇军撤到锦州北部田家屯。日军集中步兵、骑兵、飞机追击义勇军，轰炸宋九龄家乡，悬赏缉拿宋九龄。义勇军内部又出现了叛徒，处境愈加艰险。宋九龄于是将部队化整为零，藏兵于民，以待时机。

1933年秋，宋九龄化装乘船脱身于锦州西海口，返回天津。当时他兼任北平抗日救国军总监部参谋长，数年往来于武汉、上海、北平、天津之间，从事抗日活动。抗日战争胜利后第二年，他举家从天津迁回锦州老宅。国民党方面曾多次登门拜访，请他出山，都被他拒绝。宋九龄又积极开展慈善事业，在老宅开粥棚，拯救劳苦大众，被共产党称为"有民族气节的中国人"。1951年9月，毛泽东主席亲自签发任命书，任命宋九龄为新中国辽西省人民政府委员。

1965年10月17日，宋九龄将军因病在锦州逝世，享年90岁。

马子丹为抗日血洒义县

锦州地区的义县西部有一个重镇叫刘龙台,马家是刘龙台镇的首富。抗日英雄马子丹就是马家的长子。

马子丹,1894年生人,自幼习武,结交广泛。九一八事变后,马子丹看到东北军放弃抵抗,大好河山任日寇践踏,决心自己组织抗日队伍。他变卖500亩良田购买武器,在刘龙台竖起了抗日义勇军的大旗。

1932年1月6日,义县沦陷。国民党元老朱霁青此后由关内来到辽西抗日前线,在朝阳成立了辽西义勇军总监部。不久,朱霁青给马子丹运来一批武器弹药,并把马子丹的队伍进行了整编,纳入辽西义勇军总监部的序列,正式命名为"东北民众抗日救国军独立第八师",马子丹任师长。

曾是马子丹部下的另一支义勇军首领李海峰率部在朝阳寺车站附近的列车上智擒了日本大特务石本权四郎。这就是震惊日本朝野的"朝阳寺事件"。日军为救石本软硬兼施,扬言不交出石本就把刘龙台、三宝营子方圆50里变为焦土,马子丹得内线密报率众转移。日军进村后杀死没有转移的村民4名,烧毁房屋158间。

日军的暴行更加激起义勇军的愤慨。朱霁青、马子丹决定再次攻打义县县城。1932年10月19日拂晓,各路义勇军开始对义县县城发起总攻。朱霁青带兵进攻南门。事前朱霁青已派人用800块大洋买通义县伪警察局局长郑魁武,但郑魁武背信弃义,首先开枪打死义勇军战士多名。混战中义勇军打死日军小田曹长和伪警察中队队长陶荩忱,并打伤日伪军警多人。

马子丹攻打车站和西门的战斗最为激烈。他们刚把车站打下来准备进攻西门时,敌人的援兵就到了。由于其他队伍没有按时到达东门和北门对县城形成包围,战机已失,攻城已不可能了,朱霁青于是率余部向朝阳转移,马子丹率自己的队伍向刘龙台撤退。1932年12月15日,石本权四郎被六名义勇军战士押到十家子河套的沙滩上。上午9点钟,李海峰让朝阳华林照相馆技师给嗜恶成性的石本权四郎照相后,下令处决了石本。

1933年4月26日凌晨,100多名日伪军在朝阳寺车站包围了马子丹。马子丹在骑马突围时中弹牺牲,年仅39岁。

2011年9月18日,正值九一八抗战80周年纪念日,马子丹的遗骸从义县刘龙台迁入义县烈士陵园。

东北抗日义勇军总司令朱庆澜

家住锦州38年的朱庆澜将军,是民国时期著名的抗日将领和慈善家。朱庆澜字子桥,1874年生于山东济南,1893年举家迁居锦州古城并从军,于1915年由民国政府授陆军上将,曾历任广东省省长、中东铁路护路军总司令兼东省特区首席行政长官、国民政府中央赈务委员会委员长等职。1928年,他和夫人徐雅志会同李善祥等人在锦州开展慈善事业,在锦州南山创办了朱家果园,

朱庆澜

并创办了义学——锦州成德女子中学,由夫人徐雅志担任校长,成德女子中学一直坚持到1931年九一八事变之后朱庆澜家眷迁居北平。

九一八事变后,朱庆澜出任辽吉黑热民众抗日后援会会长,1932年11月至1933年年末出任东北抗日义勇军总司令,致力于从海内外募集资金和物资,为东北抗日义勇军和东北军对日军作战提供后勤补给,并指挥东北抗日义勇军对日军作战。后来又任国民政府中央赈务委员会委员、委员长等职,曾经救济过数百万的灾民。朱庆澜将军还出资赞助上海电通影业公司拍摄电影《风云儿女》,并将该电影的主题歌歌名定为《义勇军进行曲》。新中国成立后,《义勇军进行曲》被定为国歌。

1937年抗战全面爆发后,朱庆澜在陕西安置难民,筹办赈务,并牵头发动当地政府重修法门寺和佛祖真身舍利宝塔,在清理塔基时,朱庆澜发现了藏有大量唐代遗存佛家珍宝的地宫。鉴于当时战乱频仍,为防止日寇劫掠,他当即决定将地宫填土封存,并责令所有的知情人对天起誓,终生保守秘密,这批世界罕见的无价之宝就这样被保存了下来。

家住锦州38年的朱庆澜将军,因力主东北抗战和投身慈善事业救助灾民而誉满华夏。他于1941年在西安病逝,享年67岁。冯玉祥将军为朱庆澜墓碑题写了碑文,誉其为"萃智仁勇于一身",有学者评价朱庆澜将军为"民国政要、慈善元老、抗战先驱"。

1987年4月,考古工作者维修陕西法门寺塔时,终于发现了埋藏于塔下地宫1000多年的数千件唐代珍宝和4枚佛指舍利,一时间轰动世界。2006年5月,陕西省在法门寺修建了朱庆澜纪念馆。

朱庆澜将军的府邸朱家大院旧址,就是锦州古城改造之后的华庭小区,华庭小区西侧的胡同,就是"朱将军胡同"。2013年3月,锦州市政府正式批准确定"朱将军胡同"地名。锦州市地名办、市东北抗日义勇军研究会还悬挂了"朱将军胡同"地名标志和朱家大院旧址标志牌,以唤起锦州人对东北抗日义勇军总司令、民国著名慈善家朱庆澜将军的敬仰和记忆。

5 锦州——《义勇军进行曲》的发祥地

国歌《义勇军进行曲》是抗战时期电影《风云儿女》的主题歌,由剧作家田汉作词,音乐家聂耳作曲,由曾经家居锦州38年的辽吉黑热民众抗日后援会会长、东北抗日义勇军总司令朱庆澜将军确定歌名。《义勇军进行曲》词曲创作的素材,主要来源于以锦州为中心的辽西抗日义勇军的英雄事迹。

1932年和1933年,国内各地报刊上连续登载辽西抗日义勇军的胜利战果。1932年1月14日,《新天津报》刊登了日军古贺骑兵联队在锦西江屯被辽西抗日义勇军全歼的消息。东北民众抗日救国会的联络员王立川在《新中华》杂志1932年第1卷第9期至第11期连续发表题为《血战归来》的文章,详细报道了高鹏振部义勇军在黑山县五台子村外歼灭日军的事迹，使革命作家田汉深受鼓舞。

　　1932年12月，张学良调集锦州地区高鹏振、耿继周、郑桂林、张海天、项青山等部义勇军和黑山县多支辽西抗日义勇军，开赴热河省建平县的朱碌科村一带，参加热河保卫战。1933年春，东北抗日义勇军总司令、辽吉黑热民众抗日后援会会长朱庆澜率慰问团几次来到热河保卫战前线慰问义勇军将士。田汉和聂耳等一些爱国知识分子也来到抗日前线，专门采访了锦州抗日义勇军。

朱庆澜率团到热河前线慰问抗日义勇军

　　原东北抗日义勇军第三军团中将副总指挥郭景珊生前曾对儿子郭春光说："1933年我参加热河、长城抗战时期，上海电影界有位姓田的人（即田汉），是位负责人，听说他是共产党人，曾经找过我了解有关义勇军在热河战斗的情况。"辽西抗日义勇军老战士刘凤梧当时任义勇军骑兵旅直属独立骑兵迫击炮连连长，他回忆说："我看见聂耳和一些爱国知识分子一面慰劳部队，一面做抗日宣传工作，他们拍的电影《热河血战史》记录了不少我们这些骑兵部队活动情况，其中镜头里骑白马的就是我。"聂耳亲眼目睹了义勇军抗战的场面，这为他后来给《义勇军进行曲》谱曲丰富了感性认识。辽西抗日义勇军抗日作战的一系列英雄事迹和新闻报道，为田汉和聂耳创作《义勇军进行曲》提供了原始的素材。

东北抗日义勇军总司令、辽吉黑民众后援会会长朱庆澜将军出资赞助由中共地下党领导的上海电通影片公司，于1934年拍摄进步电影《风云儿女》，由田汉编剧。但是，田汉只是交出一个故事梗概和一首主题歌的歌词，就于1935年2月19日被国民党政府逮捕入狱了。聂耳承担了《风云儿女》主题歌作曲的创作任务。1935年4月18日，聂耳到达日本东京，又修改了曲谱初稿，定稿后寄回国内。电影《风云儿女》拍摄完后，田汉的主题歌歌词并没有确定歌名，而聂耳从日本寄回来的歌词谱曲的名称只有三个字"进行曲"。朱庆澜将军画龙点睛地在进行曲三个字前面加上了"义勇军"三个字，《风云儿女》主题歌的歌名就成了《义勇军进行曲》。最后，由上海百代唱片公司将《义勇军进行曲》灌成唱片公开发行。

国歌《义勇军进行曲》随着电影《风云儿女》的上映和歌曲唱片的发行而流传全国。朱庆澜将军不愧是电影《风云儿女》和国歌《义勇军进行曲》诞生的幕后英雄。

6 日伪统治时期的锦州傀儡政权

1932年1月3日,锦州沦陷,此后,清末代皇帝溥仪在日本关东军扶植下,于1932年3月在长春建立了伪满洲国傀儡政权,统治东北地区。到1945年8月日本投降,锦州属于日伪统治14年时期。

在日伪统治时期,锦州设市的计划始于1935～1937年在伪锦县公署(政府)内附设市政筹备处,1937年12月1日宣布成立锦州市,锦州市建制自此始。锦州市公署机关各科、股负责人全为日本人。锦州市首任伪代市长为张国栋,伪代副市长为日本人山田弘之。伪锦州市公署成立后实行市、县分治,原锦县的1街4郊村划归伪锦州市管辖。伪锦州市公署初设于东关石柱子小学院内(今市实验小学址),1943年伪市公署大楼建成后,迁至今解放路4段6号65631部队院内址,直至1945年"八一五"光复,日本无条件投降。

伪锦州市公署成立后,锦州的行政区域是:东至百官屯,西至小岭子,北至范屯,南至吕翁山,共114.8平方公里。此后,伪锦州市的行政区划还有些许变动。在伪锦州市,统治机构还有警察局,司法机构含高等法院、地方法院以及高等检察厅、地方检察厅;设厚生辅导院,院长是日本人,为警察局的直属机关之一。

1934年10月1日,伪满洲国公布了新的《省官制》,成立了伪锦州省,省公署设在锦县(锦州),初址设于锦州老城内西二道胡同152号的王再拜大楼,1939年伪省公署大楼建成后，迁至今铁道北空军第三飞行学院现址。

伪锦州省在1934年东北划分10省时辖12县，即锦县、锦西县、兴城县、绥中县、义县、北镇县、盘山县、阜新县、台安县、黑山县、彰武县、朝阳县。1937年12月以后，锦州市和阜新市相继设立，锦州省又出现了两个市的建制。以后，东北行政区划多次变化，但伪锦州省的辖区没有什么变化。

在日本侵略者的操纵下，伪锦州市、伪锦县和伪锦州省傀儡政权对日本人卑躬屈膝，对反抗日伪统治的抗日志士残酷镇压，并为配合日军在锦州地区搜刮给养干尽了坏事。"八一五"光复之后，傀儡政权土崩瓦解，许多作恶多端的汉奸受到了八路军和人民的惩处。

7 张士毅和锦州的第一次解放

1945年9月初，在日本帝国主义铁蹄下苦苦挣扎了14年的锦州人民迎来了第一次解放的曙光。

在日本天皇宣布无条件投降前的8月11日，八路军朱德总司令发布了第二号命令，命令在冀热辽地区的八路军李运昌部，即日向辽宁、吉林进军。8月31日，李运昌的先头部队曾克林部到达绥中，与苏联红军会合，攻下山海关。9月3日乘火车东进，在绥中、兴城、锦西停车时，均派出干部去接管县城，9月4日清晨到达已被苏联红军接管了的锦州。曾克林留下十八团和一部分地方干部接管伪满洲国锦州省，其余部队继续东进。9月8日，李运昌司令员到达锦州并在北大营召开会议，成立了中共辽西地委和辽西（行政督察）专员公署，任命徐志为地委书记，张士毅为辽西专署专员兼锦州市市长。10月16日经选举，经辽西专署任命，计明达为市长。

历经14年的日伪反动统治，当时锦州城内一片萧条景象：商店关门，工厂停工，无水无电，冷冷清清如同一座死城。敌特破坏分子造谣诽谤共产党、八路军，破坏共产党、八路军接管城市，经常放冷枪打伤八路军官兵和群众。

为了稳定锦州的社会秩序，新建的人民政权开展了接管城市的工作，中共辽西地委和锦州市政府创办了人民的舆论喉舌《民声报》，积极宣传共产党的方针政策，稳定人心；清剿日伪残余势力，壮大人民武装；恢复工商业，加速城市发展；创办辽西工人教导团和辽西干校；对区街进行重新设置，大力开展基层工作。

在锦州党政军民的共同努力下，不久，锦州城内恢复了交通、供电、供水，各商号也都纷纷开始营业。锦州的老百姓亲眼看到共产党、八路军纪律严明，秋毫无犯，真心诚意为老百姓谋利益，开始逐步接近共产党干部和八路军官兵，积极参与恢复经济和社会事业，并有许多青年踊跃参加八路军。

经过83天（1945.9.4～1945.11.25）的艰苦工作，刚刚从日伪政权手中接管过来的锦州市出现了稳定和繁荣的景象。李运昌以东北人民自治军副总司令的身份坐镇锦州，一面组织建立民主政权，恢复生产，重建家园，一面组织军队，深入吉林、黑龙江的部分地区接管城市，指挥山海关一线八路军抵抗国民党大兵团的进攻。面对国民党大打内战的严峻形势，出于战略考虑，根据党中央的部署，李运昌率部于1945年11月25

日撤出锦州,向义县方向转移。锦州人民含泪送别人民子弟兵,许多妇女把军鞋、红枣、煮鸡蛋塞进子弟兵的手里。李运昌骑在马上向群众告别:"乡亲们,用不了多久,我们一定会再打回来,锦州是人民的锦州,我们要把锦州建设得更好!"

在锦州的辽沈战役纪念馆,有两座苍松翠柏掩映的烈士墓,其中的一位烈士,就是锦州第一个人民政权的第一任市长——张士毅。

张士毅,原名白砥中,河北省蓟县(现属天津市)下仓镇西焦庄人,生于1912年。1931年开始参加革命工作,1938年10月加入中国共产党。1945年9月初,他随八路军部队出关接管锦州。中共辽西地委和辽西行政督察专员公署成立后,张士毅任专员兼锦州市第一任市长。1947年4月20日,在朝阳县松树嘴子村开展工作时,张士毅与配有装甲车的国民党军队遭遇,在突围时不幸以身殉职,时年36岁。

张士毅

8 国民党统治时期的人民生活

1945年8月15日,日本宣布战败投降,中国共产党领导的八路军出兵东北，占领了锦州，锦州一度解放。可国民党蒋介石在美国的支持下，发动了内战，大举进攻东北，八路军根据时局的变化，很快撤离了锦州。1945年11月25日，国民党军队进驻锦州，锦州由此进入了国民党统治三年时期。

在国民党统治的三年里，锦州人民没能过上安定的日子。他们在保甲制度下，要受保长的欺压。西关有个保长名叫潘振纲，从日伪统治到国民党时期，一直骑在人民头上作威作福。有一首民谣说得好："保长潘振纲，赛过阎罗王。大户当走狗，穷人活遭殃，摊工要草派军粮。"潘振纲积极为国民党军抓兵，仅在孙家湾、孟屯两地就抓兵50余人。有一个姓李的青年，因怕被抓，把自己藏在雪堆里，冻坏双脚落下了残疾。潘振纲生活糜烂，仗势强娶七人为妻，一人跳井致死，两人折磨致死，两人后被抛弃。人民政权建立后，潘振纲仍贼心不死，暗藏凶器准备杀害分他土地的农民，其妻其子将其告发，他最后遭到被处死的报应。

1946年秋，国民党成立了辽西师管区，下辖锦州团管区、黑山团管区，其职责是为国民党军队培训壮丁补充兵员，于是便在锦州城乡到处抓壮丁，他们招摇撞骗，积极活动，不但北方的和锦州一带的壮丁要在这里训练，就是从南方拉来的壮丁，也要在这里训练，壮丁们被拘禁在合成燃料厂（今中国锦州石化分公司）大楼和辽西省党校内（今205医院）。这些壮丁的粮食被克扣，在10月份还穿着单衣，遭受虐待，平均每天死去20多人，最多的一天死去32人。到最后，活着的每人发一支枪，还不会打枪就当了俘虏。

1947年春,为防守锦州,由国民党第六兵团参谋长安守仁负责设计指挥,成立了锦州城防构筑委员会,吸收了国民党、三青团、参议会、政府等部门的负责人及地方士绅等为委员。国民党强行驱使锦州的老百姓为他们构筑城防壕。广大贫苦市民在饥寒交迫中,忍辱含泪为他们服苦役。国民党军队还将周围百姓家的门板、窗户、树木都劫掠一空,给人民造成无法估量的损失。

据1946年末国民党锦州市政府统计,当时锦州市人口161762人,到1948年,增加国民党军队10万余人,逃亡地主10余万人,总计在40万人上下。普通百姓无钱无势,没有生活来源,还整天提心吊胆,怕被抓丁、拉夫、派款、做苦役;怕被诬为八路探子;怕深更半夜查户口、要草、要料、要粮食;怕家里的姑娘、媳妇被恶棍抢走受糟蹋,工厂停工了,工人出去做点小买卖,但担心被坏人抢夺或限价强购;费心费力勉强挣点钱,但一口袋票子也买不了几斤米、几斤劈柴,生活就像一条飘在暴风雨中的细线,不知什么时候被打断而失去生活的最后一点希望。

国民党统治时期的锦州人民,天天在期盼着共产党的人民军队尽快打回锦州,让锦州重现晴朗的蓝天。

9 震惊中外的辽沈战役

辽沈战役是中国人民解放战争中具有决定意义的三大战役中的第一个战役,是1948年9月12日至11月2日,中国人民解放军东北野战军在辽宁省西部、沈阳和长春地区与国民党军进行的一场规模空前的战略大决战。

1948年秋，全国解放战争进入战略决战阶段。中共中央于9月在西柏坡召开政治局会议，提出用5年左右时间（从1946年7月算起）从根本上打倒国民党反动统治的战略总任务。中央军委、毛泽东主席依据战局的发展变化，高瞻远瞩，因势利导，把人民解放军发起的攻势引向就地歼灭国民党重兵集团的战略决战。9月7日，毛泽东为中央军委起草了《关于辽沈战役的作战方针》，确定首先在东北战场与国民党展开战略决战。

中央军委研究辽沈战役作战方针
（左起：刘少奇、任弼时、朱德、毛泽东、周恩来）

1948年9月12日，东北野战军（1948年8月组成）南下北宁线，发起辽沈战役，先后占领昌黎、北戴河、绥中、兴城，攻克义县，孤立锦州。10月9日起，东北野战军开始扫清锦州外围据点,并在塔山和彰武、新立屯地区与国民党军进行英勇顽强的阻击作战。10月14日11时,集中25万余人的优势兵力,向锦州发起总攻。经过31小时激战,全歼锦州的国民党10万守军,解放锦州。17日,困守长春的国民党第六十军军长曾泽生率部起义;随后,东北"剿总"副总司令兼第一兵团司令郑洞国率部放下武器。至此,长春和平解放,辽沈战役取得关键性胜利。

我军攻克锦州,解放长春,给东北国民党军以致命打击。10月18日,蒋介石第三次飞到沈阳,令国民党军"西进兵团"在"东进兵团"策应下,一方面企图收复锦州,一方面实行总撤退。东北野战军决定采取诱敌深入、打大歼灭战的方针,以主力迅速回师辽西,求歼"西进兵团"于锦沈之间。23日,东北野战军展开黑山、大虎山阻击战。25日,"西进兵团"改向营口和沈阳撤退,均遭阻截。26日,东北野战军在黑山、大虎山、新民120平方公里地域展开大规模围歼战,至28日晨,全歼"西进兵团"10万余人,取得辽沈战役的决定性胜利。

辽西会战后,国民党东北"剿总"总司令卫立煌乘飞机离开沈阳,将残余部队交由第八兵团司令周福成指挥。东北野战军为了全歼东北国民党军,日夜兼程,乘胜向沈阳、营口进军。至10月31日,相继解放铁岭、新民、抚顺、本溪、辽阳、鞍山、海城,迅速逼进沈阳、营口。11月2日,解放东北最大的工业城市沈阳,歼灭国民党军13.4万人,同日解放营口,歼灭国民党军1.4万人。至此,辽沈战役胜利结束。11

月9日,锦西、葫芦岛的国民党军通过海运南撤,东北全境解放。

辽沈战役的胜利,使中国革命形势发展到一个新的转折点,从而加速了中国革命战争胜利的进程。

地下党智取锦州城防图

解放战争时期,锦州是国民党在东北实行反动统治的重要军事基地。中共地下党组织为夺取全东北的解放,在白色恐怖下的锦州城开辟了第二战场,与国民党反动派展开了殊死搏斗,有力地配合了人民解放军的外线作战,为锦州解放乃至辽沈战役的全面胜利作出了重大贡献。

当时,共产党在锦州的地下党组织有辽吉省委、辽吉五地委派遣的地工组;锦州工委建立的4个地下党支部(即中共锦州支部、中共锦州东棉纺织厂支部、中共锦州东关支部、中共锦州北关支部)和锦州铁路工委建立的锦铁党支部;冀察热辽分局社会部建立的石山情报站、暖池塘情报站,还有在国民党九十三军内部建立的地下党组织等。这些地下党组织的成员冒着生命危险,打入敌人内部搜集情报,散发传单,积极开展工运、学运和反饥饿、反迫害的斗争,从内部动摇了敌人在锦州的统治根基;他们出生入死,坚贞不屈,忠于党、忠于人民,用鲜血和生命在锦州人民心中树起了一座不朽的丰碑。

锦州中共地下党组织在解放战争期间,最重要的事迹是智取锦州守敌城防图的故事。

1948年9月12日,震惊中外的辽沈战役打响了。为配合解放军攻打锦州,地下党组织奉上级命令,要尽快搞到国民党军队在锦州城内的城防军事部署情况，晋察热辽分局社会部派锦义情报组组长金荣久潜入锦州，设法搞到驻锦国民党军城防工事图。不久，金荣久就和早年从事革命工作后来与组织失去联系的韩毓武取得了联系，并将此重任交给韩毓武完成。韩毓武接受任务后，利用锦县政府军事科科长的身份着手展开侦察，得知此图在锦县县长简洁和锦州市政府军事科科长晋胖子手中各有一张。于是决定先从简洁身上打主意，未果。接着，韩毓武便从晋胖子这里入手，和他建立"亲密关系"，经常邀请晋胖子到酒馆饮酒"谈心"。终于在一次酒后，晋胖子将城防图借给韩毓武使用三天。韩毓武巧取城防图后，与金荣久、张淑芳（韩毓武的爱人）连夜复制，后密藏于张淑芳做的厚底空心布鞋底里，由金荣久穿上，扮作农民模样混过关卡出城，把城防图交给了晋察热辽分局社会部石山情报站负责人陈阜。

据不完全统计，锦州攻坚战期间，锦州中共地下党组织共搜集各类敌军城防部署、兵力配置等情报数十份，并由锦州市工委指定专人统一绘制锦州城防图，及时分发至团以上部队，使解放军较为详细地掌握了国民党军在锦州的城防部署，为解放军在5天时间结束锦州外围战斗、短短31小时取得锦州攻坚战的胜利作出了重大贡献。

锦州攻坚战

锦州攻坚战是辽沈战役中规模最大的城市攻坚战，创造了解放军夺取重兵设防大城市的攻坚战范例。东北野战军以伤亡2.4万人的代价，歼灭国民党军10万余人，取得解放锦州的伟大胜利。

东北野战军司令员林彪（中）、政委罗荣桓（右）、参谋长刘亚楼（左）指挥锦州攻坚战

1948年9月12日，辽沈战役打响后，经过20天北宁线作战，先后占领昌黎、北戴河、绥中、兴城，攻克义县，完成对锦州国民党军的包围。10月5日，东北野战军前线指挥所迁至锦州北郊牤牛屯，林彪、罗荣桓、刘亚楼亲临前线指挥作战。10月9日至13日，扫清锦州外围据点。东北野战军对锦州的攻城部署是：第二、第三纵队和第六纵队第十七师、炮兵纵队主力，配属坦克15辆，组成北突击集团，由第三纵队统一指挥，从城北和西北并肩向南实施突击；由第七、第九纵队和配属的炮兵纵队一部组成的南突击集团，由第七纵队统一指挥，从城南向北突击；以第八纵队及配属的第一纵队炮兵团组成东突击集团，由第三纵队统一指挥，从城东向西突击。

10月14日11时，东北野战军集中25万人的优势兵力向锦州城发起总攻。作战中,各战斗部队在突破城垣后乘势向纵深猛插、猛追,造成国民党军全局混乱,然后再对少数固守坚固地点的守军进行有准备有组织的猛烈攻击。激战至15日18时,全歼锦州老城残军,历时31小时的锦州攻坚战胜利结束,全歼锦州国民党军10万余人,解放锦州,并活捉国民党东北"剿总"副总司令兼锦州指挥所主任范汉杰等以下将官43人。

锦州攻坚战的胜利,完全截断了东北国民党军向关内撤退的陆路通道,实现了"封闭蒋军在东北加以各个歼灭"的战略构想,为夺取辽沈战役的最后胜利奠定了重要的基础。

东北野战军攻克锦州

塔山阻击战

塔山阻击战是辽沈战役锦州攻坚战之前的关键战役,创造了我军野战阵地坚守防御的典型范例。

塔山并不是山,只是锦州与锦西之间一个有着百余户人家的村庄，称塔山堡，东距锦州30公里，西距锦西（今葫芦岛市）10公里。村东面是铁路，通往锦州的公路从村中间穿过，是由锦西通往锦州的战略要地。

当东北野战军主力对锦州国民党守军形成合围之际，蒋介石从关内急调国民党第六十二军、第三十九军2个师、第九十二军1个师和独立第九十五师海运到葫芦岛，连同原驻锦西的第五十四军共11个师，组成"东进兵团"，由第十七兵团司令官侯镜如指挥增援锦州。东北野战军第二兵团司令员程子华、政治委员黄克诚奉命指挥第四、第十一纵队及冀察热辽军区独立第四、第六师，奉命于塔山地区占领阵地，构筑野战工事，组织阵地防御，阻击国民党"东进兵团"增援锦州，以保障东北野战军主力夺取锦州。

1948年10月10～15日，国民党军"东进兵团"在飞机、舰炮和地面火炮配合下，先后采取全线攻击、中间突破两翼牵制、两翼突破中间牵制、以"敢死队"为前锋突进及偷袭等战法，向我军塔山阵地实施轮番进攻。第四纵队在第十一纵队等部配合下依托野战阵地，在炮兵火力支援下顽强抗击，经过六昼夜的鏖战，东北野战军用生命和鲜血铸就了塔山钢铁阵地，以伤亡3570人的代价，换取了歼灭国民党军6549人的战绩，创造了"模范的英勇顽强的阻击战"范例。战后，只剩下21人的第四纵队十二师三十四团被授予"塔山英雄团"称号，三十六团被授予"白台山守备英雄团"称号；十师二十八团被授予"守备英雄团"称号，炮兵团被授予"威震虎胆"炮兵团称号。

黑山阻击战

黑山阻击战是1948年10月辽沈战役中,锦州攻坚战之后的关键之战,是东北野战军在辽宁黑山、大虎山地区进行的一次坚守防御作战。黑山、大虎山位于辽河与医巫闾山山脉之间的走廊地带,是由沈阳通往关内的战略要地。

锦州解放后,蒋介石强令由东北"剿总"主力编成的"西进兵团"(又称廖耀湘兵团)从彰武、新立屯地区南进,企图夺取黑山、大虎山,以便重占锦州,打通北宁路。

10月26日,东北野战军在黑山以东、大虎山东北、绕阳河以西、无梁殿以南、魏家窝棚以北纵横约120公里的区域内,对国民党廖耀湘兵团展开大规模围歼战。第一、第二、第三、第十纵队,第六纵队第十七师和炮兵纵队主力由黑山正面自西向东攻击;第七、第八、第九纵队由大虎山以南自南向北攻击;第五纵队和第六纵队主力,独立第二师跨北宁线,坚守厉家窝棚、二道境子、绕阳河之线,坚决阻挡住廖耀湘兵团向东突围,并乘其他各纵队对廖耀湘兵团穿插分割之际,适时出击,跃出防御阵地,由东向西攻击。战斗中,各部队发扬机动灵活、主动杀敌的作战精神,猛打猛冲猛插,大胆插入廖耀湘兵团各部队之间,割裂其相互联系,打乱其战斗部署。激战至28日清晨,全歼廖耀湘兵团及5个军部、12个师(旅)共10万余人,俘获廖耀湘和新编第六军及第四十九、第七十一军军长等多名高级将领。

朱瑞将军献身义县

朱瑞将军是全国解放战争中我军牺牲的最高将领。朱瑞

1905年生于江苏省宿迁县，1928年加入苏联共产党，后转为中国共产党党员。1946年10月，朱瑞被任命为东北军区炮兵司令员兼炮兵学校校长，为我军炮兵建设建立了卓越的功勋。

朱瑞

1948年9月，辽沈战役打响后，朱瑞指挥炮兵纵队参加攻克锦州以北国民党军坚固据点义县县城的战斗。10月1日9时30分，炮兵开始实施火力准备。经过1个小时的炮火袭击，炮兵将义县县城南面和东面城墙炸开三个三四十米宽的大口子，掩护步兵迅速突入城内。战斗即将结束时，朱瑞亲往城南突破口实地查看城墙被炮火破坏的情况，途中不幸触雷，壮烈牺牲，时年43岁。中共中央在唁电中指出："朱瑞同志在中国人民解放军的炮兵建设中功勋卓著，今日牺牲，实为中国人民解放事业之巨大损失，中央特致深切悼念。"

2009年9月10日，在中央宣传部、中央组织部、中央文献研究室、中央党史研究室、解放军总政治部等11个部门联合组织的评选活动中，朱瑞被评选为"100位为新中国成立作出突出贡献的英雄模范人物"。

梁士英舍身炸碉堡

梁士英1922年生于吉林省扶余县。1945年冬参加东北民主联军。1946年春，从独立团调入二纵五师十五团三营机枪连，任重机枪射手。他跟随部队转战北满，在战火硝烟的艰苦磨炼中，迅速成长，1946年冬光荣地加入中国共产党。他在战斗中多次立功，他常说："我是共产党员，我的行为应该配得上这个光荣称号。"

梁士英

1948年9月，辽沈战役开始，梁士英调到三营八连五班当战斗组长。10月14日，锦州攻坚战开始，梁士英所在的二排为尖刀排，当梁士英与尖刀排的同志们冲到守敌第二道防御工事时，被铁路路基附近的一座大碉堡挡住了前进的道路，碉堡内的机枪疯狂吐着火舌，几次爆破均因地形不利未能成功。梁士英请战去爆破，他拿起爆破筒，穿过火网，运动到碉堡前，把爆破筒从枪眼塞了进去，刚要撤离，爆破筒被推了出来，导火索嗞嗞冒着白烟，梁士英又毅然将爆破筒塞了进去，并用身体死死顶住，轰然一声巨响，前进的道路打通了，英雄的身躯却随着迸裂的土石融进蔚蓝的天空……

战后，梁士英所在部队党委追认梁士英为特等功臣，追记三大功。12月10日，《东北日报》在显要位置报道了他的英雄事迹。1950年，锦州市在辽沈战役纪念馆修建了梁士英烈士墓。锦州现在的"士英街"就是为纪念梁士英烈士而命名的。

黎明前倒下马云飞

马云飞

马云飞，原名叶宗汉，1910年出生在河北省交河县西关村。1928年以优异成绩考入河北省泊镇省立第九师范学校。1932年7月光荣地加入中国共产党。

1945年，马云飞在锦州铁路工作，并担任地下党锦州支部书记。他领导地下党侦察、搜集敌人的各种情报，在斗争中发展新党员，地下党支部很快由3名党员发展到26名。1947年，借工人不满当局贪污、克扣薪饷的有利时机，马云飞领导了铁路员工反饥饿的群众斗争，取得了胜利。

辽沈战役决战前夕，马云飞领导锦州地下支部的党员积极搜集锦州国民党军的各种军事情报，并及时提交给上级组织，为解放军攻城战斗做准备。

11月14日，锦州攻坚战打响，马云飞心情无比激动，想到这次该痛痛快快地公开当个共产党员了！他考虑到解放军不熟悉市区街道情况，容易造成伤亡，于是主动为先头部队带路。当攻打到东北交通大学（现锦铁高中）敌九十三军司令部附近时，马云飞中弹壮烈牺牲。

为纪念马云飞烈士，锦州市政府辽沈战役烈士陵园前的教仁路改为云飞路，以表达人民对马云飞同志的深切怀念。

毛泽东话说锦州苹果

1948年辽沈战役中,东北野战军在辽沈战役期间,各部队保持了良好的战斗作风和组织纪律。部队住在锦州城郊果园里不吃群众一个苹果的感人事迹,受到毛泽东主席的高度赞扬。

东北野战军多名干部撰写的回忆录记载,"解放军不吃苹果"的故事,就发生在东北野战军三纵、四纵、七纵等多个攻锦作战的部队,这些苹果园的地点就在锦州的南山和北郊地带。在《毛泽东选集》第五卷里,毛泽东主席在1956年党的八届二中全会上所做的一篇重要讲话中有这样的话:"锦州那个地方出苹果,辽西战役的时候,正是秋天,老百姓家里很多苹果,我们的战士一个都不去拿,我看了那个消息很感动。在这个问题上,战士们自觉地认为:不吃是很高尚的,而吃了是很卑鄙的,因为这是人民的苹果。"

锦州苹果廉政文化景区"人民的苹果"塑像

2012年8月,锦州市纪委监察局根据毛泽东主席谈到的锦州苹果的故事,在锦州南山建成了"锦州苹果"廉政文化景区,利用锦州苹果的故事开展廉政教育。目前,"锦州苹果"廉政文化景区已经成为辽宁乃至全国著名的爱国主义教育基地。

三 现代风貌

锦州地处连接欧亚大陆桥的重要节点,向南可以拥抱浩瀚渤海,向北可以呼吸大漠雄风。这座辽宁西部沿海经济区的区域性中心城市,承载着多项时代的殊荣:中国东北重要的老工业基地城市、中国环渤海地区重要的港口城市、辽宁省区域性物流中心城市、中国十佳和谐可持续发展城市、中国优秀旅游城市、中国投资环境百佳城市、中国最具投资价值新锐金融生态城市,以及全国双拥模范城市和全国创建文明城市工作先进城市。

伴随着辽宁沿海经济带开发建设上升为国家战略的东风,以及2013年中国·锦州世界园林博览会的成功举办,锦州这座中国北方的山海名城、历史文化名城正在面向大海,实施沿海突破战略,朝着实现锦州全面振兴的目标迈进,奏响了更加辉煌的时代乐章。

1 优越的自然条件与区位优势

锦州位于辽宁省西南部,"辽西走廊"东端,北依松岭,南临渤海。锦州位于中纬度地带，总面积10301平方公里，人口312万，属于温带季风性气候，常年温差较大，全年平均气温8℃~9℃，年降水量平均为540~640毫米，无霜期达180天。气候的主要特征是四季分明，季风气候显著，为发展农、林、牧、渔各业提供了良好的条件。

锦州物华天宝，地产丰饶，素有"海上锦州"的美誉，拥有海岸线总长124公里，近海水域面积12万公顷，沿海滩涂面积26.6万亩，有25万亩近海渔场，还是辽宁省主要产盐区之一。矿产资源有石油、天然气、煤炭、石灰石、膨润土、萤石、花岗岩等。全区目前已发现矿种有48个，已开发利用22个。膨润土储量为亚洲第一位。

锦州现为辽宁省省辖市，下辖9个县（市）区：凌海市、北镇市、义县、黑山县、古塔区、凌河区、太和区、松山新区、锦州滨海新区（锦州经济技术开发区）。

高速公路

三　现代风貌

锦州是东北地区唯一具有海港、空港、铁路、公路和管道运输的交通枢纽城市，拥有得天独厚的区位和交通优势。锦州港是中国渤海西北部400公里海岸线唯一全面对外开放的国际商港、东北第三大港、辽宁省重点发展的北方区域性枢纽港，已经跻身中国港口二十强行列。锦州港已经通航世界上80多个国家和地区，年吞吐能力达到1亿吨。锦州机场是辽宁省西部地区唯一达到国际民航4C级标准并可起降大中型客机的机场，是辽西地区唯一对外开放的航空口岸，现已开通至韩国首尔和中国香港、上海、广州等多条中转航线。锦州境内有京沈、锦朝、锦阜三条高速公路和京哈公路。作为中国交通大动脉的京哈铁路和秦沈电气化高速铁路客运专线横贯全境，境内八条铁路纵横交错，与沈阳、大连、天津等城市形成了"三小时城市群"。锦州的邮电通信事业现已达到国际先进水平。

锦州港

锦州机场

2 美丽的都市新姿

锦州这座中国北方的历史文化名城,历经2200多年风雨,特别是新中国成立以后,城市面貌发生了天翻地覆的巨大变化:穿城而过的小凌河、女儿河绿树成荫,一座座新颖的桥梁四通八达,一座座高楼大厦鳞次栉比,呈现出一座现代化大都市的崭新风貌。

解放以后,锦州市政府曾先后八次编制锦州城市总体规划。最后编制完成的《锦州市2000~2020年城市总体规划》于2001年获得国务院批准实施。规划确定了锦州城市性质为"辽宁重要工业港口城市,辽西地区中心城市"。2005年,锦州市政府适时对2000年版总体规划又进行了局部调整。

伴随着 2000 年版总体规划的实施，锦州城市建设快速推进，锦州沿海经济区发展迅速，松山新区基本建设完成，为锦州老城区改造创造了有利条件，提高了城市居住环境品质。锦凌水库、锦州港、滨海公路、渤海大道、龙栖湾大道、阜盘高速公路、凌海大道、广州街公铁立交桥、南外环立交桥、凌川大桥、云飞桥、百股桥、外环公路、污水处理厂等一批城市重大基础项目陆续建设完成，龙栖湾新区的中国海洋城进入实质性开发阶段。

古城新貌

近几年来，伴随着 2013 年中国·锦州世界园林博览会的成功举办，锦州以争创国家园林城市为目标，不断加大投资力度，完善城市功能，全力打造和谐城建、低碳城建、精品城建、开放城建、强势城建，着力构建"七大体系"，即完善畅通的现代交通体系、优美宜居的园林生态体系、环境友好型城建环保体系、住有所居的住房保障体系、节能减排的工程建设体系、保障有力的筹资融资体系、民生为本的质量安全体系，不断完善中心城市基本功能，全力实施民生工程、生态环保工程和房地产开发工程，加快推进城市基础设施建设，不断提升居民的幸福感和满意度，为实现锦州全面振兴奠定了坚实的基础。

锦州滨海新区

3 坚实的经济基础

　　锦州是中国东北重要的老工业基地城市。20世纪60年代，锦州被国务院命名为"大庆式新兴工业地区"，曾创造出第一支半导体晶体管、第一块石英玻璃、第一根锦纶丝、第一台电子轰击炉等21项新中国第一的产品。锦州目前已形成以石化、新型材料、农产品深加工为主体，包括电子、医药、纺织等行业在内的门类齐全的工业体系。锦州正在全力打造"中国光伏之都"，光伏、汽车及零部件、精细化工等新兴产业集群快速壮大，钛白粉、单晶硅切片、汽车安全气囊、石英制品、汽车起重机等一系列高科技产品居国内领先地位。

锦州是中国东北重要的农业生产基地,粮食、蔬菜、水果和畜牧业产品、海产品,都在辽宁省占有重要的地位。

锦州作为辽宁省三大区域性物流中心城市之一,全市现有商贸金融集聚区、物流集聚区及旅游集聚区在内的各种类型现代服务业集聚区20多个。中央大街十里商街商贸集聚区是辽西地区物流、客流、资金流、信息流最集中和最繁华的商业地带。现代服务业集聚区建设已成为促进锦州城区经济、服务业乃至全市经济发展的重要引擎和支撑。

锦州作为中国投资环境百佳城市和中国最具投资价值新锐金融生态城市,对落户锦州的外来投资企业实行全程办事代理制、绿色通道审批制和企业登记注册并联审批制,已经和世界上近百个国家和地区建立贸易关系,吸引了包括世界500强中的法国圣戈班、日本东芝、丰田、日电、中信等国内外近300家客商来锦州投资兴业,对外开放水平日益提升。

4 发达的社会事业

锦州是中国优秀旅游城市,旅游资源十分丰富,现有旅游景区35处,其中国家AAAA级景区8处,AAA级景区7处,全国工农业旅游示范点4处,山、海、林、岛荟萃,寺、塔、园、馆俱全。锦州境内拥有"潮涨隐、潮落现"堪称天下一绝的笔架山天桥、中国皇帝登临次数最多的医巫闾山、开凿于1500多年前的万佛堂石窟,以及辽沈战役纪念馆、青岩寺、奉国寺、北普陀山等一批世界知名的自然和人文景观。特别是2013年中国·锦州世界园林博览会的举办，打造了第一个海上世界园林博览会，建成了全球规模最大的园林博览区，将锦州旅游业的发展推向了一个新的历史阶段。

锦州作为中国十佳和谐可持续发展城市以及全国创建文明城市工作先进城市，还是辽宁重要的科技、教育和文化中心，拥有渤海大学、辽宁工业大学、辽宁医学院等8所高校、22家科研院所和15万科技人员，教育和科研实力居辽宁省第三位。新闻、广播电视、体育、卫生、社会保障等各项社会事业综合水平都居辽西地区前列。特别是在体育事业方面，涌现出第32届世界乒乓球锦标赛女子单打冠军胡玉兰、两届奥运会羽毛球女子单打冠军张宁等20多位锦州籍世界和洲际大赛冠军，为锦州这座第12届全运会承办城市增光添彩。

5 繁荣的文化艺术

锦州处于农耕文明板块、草原文明板块和海洋文明板块的核心衔接带，独特的区位优势，决定了其文化艺术呈现出多元混合型特色。在这一块文化沃土上，人文璀璨，代有才人，各领风骚，驰誉国内。文学、戏剧、美术、书法、曲艺等门类，时有国内领军扛鼎人物涌现。现代以来，风靡全国的抗战文学，是锦州作家发出的第一声呐喊；享誉南北的东北二人转，是从这片黑土地上诞生的；传入关内与冀东"莲花落子"结合，从而催生了中国戏曲史上的一个新剧种——评剧，又在新中国成立后,以"韩、花、筱"(韩少云、花淑兰、筱俊亭)为代表,创造了新的评剧表演流派。新时期以降,由锦州作家领衔,掀起了"先锋文学"的第一波浪潮;锦州篆刻家王丹被称为"中国陶印第一人";锦州作家创作的多角对播、"三说一评"的电视评书,被誉为"电视评书的第二次革命"。目前,锦州的文学艺术事业蓬勃发展,文艺队伍不断壮大,层出不穷的文化名人,使这座文化名城锦上添花、星光灿烂。

文学书画界群星璀璨

锦州文学名家辈出,名冠当世。东北作家群代表人物萧军(1907~1988),其成名作《八月的乡村》,为抗战文学的领衔之作,经鲁迅先生作序,奠定了他在中国现代文学史上的地位。新中国成立后,锦州文学异军突起,小说、戏剧、诗歌、散文、评论均是成果骄人。乡土作家李惠文凭借小说《三人下棋》《蛮人小传》《花好月不圆》《鸳鸯河》等,以乡村叙事,引起国内好评。孙春平产量颇丰,为新时期文坛奉献了长篇《江心无岛》《老师本是老实人》等,并有小说集《路劫》《男儿情》《逐鹿松竹园》等,获全国和省优秀作品奖。易仁寰作为时代歌者,饱含激情,创作了大量政治抒情诗,在诗坛广有影响。白雪生多面出击,有话剧《张鸣岐》、广播剧《追寻绿洲》、电视评书《辽沈战役》等作品,屡获国家大奖,并有多项作品入选高等艺术院校教材,近年其骈赋《锦州赋》《萧军广场赋》《津门赋》《新华社赋》、长联《长征》等作品分别被中国现代文学馆、陕北红军纪念馆等地立碑收藏。首创小说"叙述圈套"的马原,有小说《冈底斯的诱惑》《西海的无帆船》《牛鬼蛇神》等,扛起中国先锋文学的旗帜。长于工业叙事的李铁,有《乔师傅的手艺》《长门秋草》《冰雪荔枝》等小说,多次入选中国年度小说排行榜。诗赋家徐长鸿创作诗赋千余首,在全国各地诗词大赛中获70余项大奖。李万武、周景雷、韩春燕等人的文学评论,也备受业内关注。

锦州美术色彩纷呈,享誉中外。美术大师张仃(1917~2010),曾主持设计国徽、全国政协会徽,设计改造北京怀仁堂、勤政殿,设计开国大典会场和新中国第一批纪念邮票。他曾任中央工艺美术学院院长,善于驾驭多种绘画形式,他的《房山十渡焦墨写生》等作品,开创了中国山水画的崭新风格,出版有《张仃水墨山水写生》《张仃焦墨山水》《张仃漫画》等大型画卷,被称为20世纪中国美术的"立交桥"。画家刘晓东,被国内外评论家称为"中国最重要的画家",并不断刷新华人画家作品的拍卖纪录。近年,锦州画坛新秀频出,杨永弼、王裕国、赵晓佳等各有力作摘取国内大奖,锦州"画家村现象"闻名遐迩。

锦州书法阵容雄强,后劲勃发。书法家康殷,别署大康,擅长书法、篆刻,精于古文学研究,辑有《汉隶七种选临》《郑羲下碑》《张猛龙碑》《隋墓志三种》及友人手拓《大康印稿》等作品集,著有《古文字学新论》《说文部首诠释》等书法著作。书法家邵秉仁,曾任中国书协第五届副主席,善行草书,形成了"不激不厉,而中规自远"的艺术风格。业内评其书"翰香墨趣,则如流水之潺潺,悬泉之酣畅,或从来自有,或将有所出,既见功力,又见才睿"。书法篆刻家王丹,号易斋,辽宁省书法家协会主席兼篆刻委员会主任,书法和篆刻作品数十次获全国大奖，书画印作品被日本、新加坡等诸多博物馆、美术馆、收藏家所收藏，有八部作品集出版。

艺术舞台繁花似锦

锦州市现有京剧、评剧、歌舞、杂技、木偶等五个专业艺术表演团体。表演流派纷呈，群英荟萃，在全省乃至全国都有所影响。新中国成立初期，花淑兰、筱俊亭、筱玉凤开创了评剧表演新流派。近年来，又涌现了一批不同剧种、流派、行当的领军人物，京剧有李玉棠、姚汉岳、黄幼鹏、陈鹿萍、王桂荣、杨占坤、杨占凯、王丹，评剧有陈桂秋、李晓梅、林慧心、刘虹、国艳秋、张旭红、刘爱华，歌舞有王春堂、张蕾等一大批中青年编导演人才活跃在文艺舞台。评书艺术家陈青远（1923～1988），是中国评书"帅派"艺术创始人，其代表作《响马传》入选《中国十大传统评书经典》丛书。锦州籍歌唱家马国光、魏松、佟铁鑫、于爽等人，也将锦州的好声音唱红全国。

锦州京剧

锦州各艺术团体近年创作排演了大量优秀剧目,京剧《酒魂》《东丹王传奇》《辽宫粉黛》,评剧《新台月》《关东腊月雪》,话剧《张鸣岐》,原创舞蹈诗《大辽西》,歌舞《鄂村儿女》,杂技《狮子舞》《对手顶碗》《滑稽晃板》,木偶剧《腿的故事》《飞天》等剧目多次在国家和省级艺术大赛中摘金夺银;京剧演员王桂荣荣获第20届中国戏剧"梅花奖"。《酒魂》编剧石颖作为少数民族文艺会演代表曾经受到胡锦涛等党和国家领导人的亲切接见。

大型原创舞蹈诗《大辽西》

文化活动精彩纷呈

锦州大型文化品牌活动有声有色,如中国·锦州古玩文化节、中国·锦州国际民间文化节、笔架山海洋音乐节、锦州京剧票友节、古塔庙会、秧歌节、黑山荷花节、义县伏羊节、北镇市梨花节、凌海市萧军文化节等文化品牌活动,在锦州市已形成"一地一品",百花齐放的局面。

锦州还承办了有史以来规模最大的文艺盛会——辽宁省十运会开幕式大型广场艺术《天辽地宁》,编导别具匠心,场面

三 现代风貌 111

锦州古玩文化节开幕式

气势恢宏，效果震撼人心，充分展示了锦州文化大市的艺术风采。

2013年中国·锦州世界园林博览会期间，锦州市文化部门精心策划了"锦绣神州"主题音舞诗画晚会、"花车大巡游"、"特技实景秀"三大精品演艺活动。"锦绣神州"音舞诗画晚会充分表现"城市与海，和谐未来"的主题，由序幕《神秘东方》《大辽西》《大东北》《大中华》及尾声《百花盛世》共五个单元组成，晚会用浪漫诗的表现手法，新颖的梦幻魔术舞美手段，跨时空、全景式地展现了地域历史文化及民俗风情。

"锦绣神州"主题音舞诗画晚会

锦州世界园林博览会的花车巡游突出了世界风情、海洋文化、园林景观、东北人文四个主题，表现了"人与自然和谐共生"的理念，世园主题花车、世界人文花车、节庆主题花车、地域风情花车、海洋主题花车和锦州人文花车6台花车以炫目的视觉奇观展现在游客面前，成为锦州世界园林博览会最靓丽的风景线。

国宝级文物价值连城

锦州有许许多多价值连城的国宝级文物。目前，锦州市博物馆有馆藏文物两万多件，其中国家一级文物25件，代表性馆藏文物有商连珠纹连柄青铜戈、商饕餮纹青铜铃俎、前燕"燕国蓟李庞"墓表、北宋建中靖国钱币等，这些文物都成为锦州地域几千年文明史发展的见证。

商连珠纹连柄青铜戈出土于锦州松山新区水手营子村。该戈不仅具有夏到早商时期铜戈的基本特征，而且为铜柄，戈头与柄连铸，戈柄铸菱格连珠纹，规整精细，说明该时期商人已掌握了铸造青铜容器的技术。据国家文物专家鉴定，连珠纹连柄青铜戈是商代王权的象征物——权杖，为国内孤品，一级品。

谈到锦州市博物馆收藏的商代连珠纹连柄青铜戈，一些史学界人士认为它与一个遥远的古代传说相关。商纣王荒淫无道，商纣王的叔父箕子多次进谏商纣王却被囚禁。箕子在被囚期间，带走了太庙中象征皇权的权杖——连珠纹连柄青铜戈，率领五千商朝遗民出逃到北方自己的封地辽西，带领民众筑城，称为箕子城，后来见到这里松涛起伏，便将箕子城命名为松山城，今锦州城南的松山之名即由此而来。不久，商纣王派兵追杀箕子，箕子慌乱之中将连珠纹连柄青铜戈埋藏于地下，通过小凌河入海口逃到了朝鲜半岛，被那里的人民推举为国君，并得到周朝的承认，史称"箕子朝鲜"。据此，许多人认为，箕子及其五千商朝遗民很可能就是朝鲜先民的一支。

1986年4月8日，商连珠纹连柄青铜戈在锦州松山新区水手营子村出土，一些史学界人士认为，这支商连珠纹连柄青铜戈，极有可能就是当年箕子慌乱之中埋藏于今松山地下的商代权杖。

商饕餮纹青铜铃俎出土于义县稍户营子镇花尔楼村。俎是切肉、盛肉的砧板，是古代祭祀中不可缺少的礼器。此俎面为长方形盘，凹槽状。下面为四个相对的倒凹字形板足，板足面饰精致的饕餮纹，衬以云雷纹底；板足裆间两端各吊有扁圆形小铃一个，铃上均有对称的扉子，一铃为素面，另一铃饰有单层纹饰。其制作精美别致，为国内所罕见，一级品。

前燕"燕国蓟李廆"墓表出土于锦州市凌河区海锦大厦工地。此墓表为砖形，长方体，表面阴刻三行汉字，计15字：燕国蓟李廆永昌三年正月廿六日亡。据考证，永昌三年当是东晋明帝太宁二年（324）。这是锦州地区首次发现的带有准确纪年的十六国时期的墓葬，为研究辽西地区十六国时期的历史提供了重要的实物资料，一级品。

非物质文化遗产的保护与传承

勤劳智慧的锦州人民，在几千年的生产生活实践中，创造了大量非物质文化遗产，给后人留下了大量的精神财富。

截至2012年年末，锦州市已成功申报联合国人类非物质文化遗产名录1项，国家级名录7项，省级名录20项，市级名录72项，县（区）级名录100项。

医巫闾山满族剪纸于2006年5月入选第一批国家级非物质文化遗产名录，2010年8月入选联合国教科文组织人类非物质文化遗产名录。

三 现代风貌 115

医巫闾山满族剪纸以表现满族原始的自然神崇拜、始祖神崇拜、生殖崇拜的萨满文化以及满族风俗为主要内容，表现了独特的地域、民族审美取向，创作手法特色鲜明，文化符号完整，是我国民间美术宝库中的珍贵宝藏。医巫闾山满族剪纸在表现形式上，既凝重、洗练、古朴、粗犷，具有萨满文化肃穆、简洁、神秘的色彩，又有构思巧妙、线条流畅灵动的反映农耕文化和风土人情的艺术画面。

北镇满族剪纸

锦州市成功申报的国家级非物质文化遗产除了医巫闾山满族剪纸以外，还有以下6项。

锦州满族民间刺绣：俗称"绣花"。有服饰品，如虎头帽、绣裙、绣鞋等；有日用绣品，如荷包、门帘、枕顶等；喜庆节令绣品，如盖头、嫁衣、戏曲行头等。锦州满族民间刺绣题材广泛，风格各异，其作品充分保存着最完整、最丰富的东北先民群体文化演进和历史的痕迹。

黑山二人转：黑山二人转历史悠久，对东北二人转的形成与发展影响重大，故黑山被省内外专家认定为东北地方戏的主要发祥地之一。黑山二人转有广泛的群众基础，有一批著名的艺人，有独特的演唱技巧，有一批优秀的创作剧目。

辽西高跷秧歌：是辽西地区流行最为广泛的民间艺术之一，表现了粗犷、豪放、热烈、火爆的场面，运用俏、美、浪、哏、逗等表演手法，浪漫夸张、大扇大舞，展示了辽西人豪爽的性格。

辽西木偶戏：辽西木偶六代相传，承袭至今。1953年部分人员调到北京，成立了中国木偶艺术团。现为东三省稀有剧种，填补了辽宁省木偶艺术的空白。

西城派东北大鼓：锦州西城派东北大鼓是东北大鼓辽西化的一个分支。传于清末，兴于民国。解放后宋修仁成为该派领军人物，1957年鼓书艺人陈仲山、陈青远父子及琴师黎百发加盟锦州书曲界，使锦州西城派大鼓得以发扬光大，风靡关东，一枝独秀。

义县社火：始称"九龙十八会"，包括义县大榆树堡竹马舞和义县双井子旱船舞两种主要文艺表演形式，是义县各族人民在长期的农牧生活中形成的以娱神、娱人为内容，以歌舞、祭祀活动为载体，含有历史、宗教、民俗、艺术、商贸等多种文化内容的传统民间文化活动。据史料推测，义县社火流传至今最少有200年的历史。

以海洋和闾山文化为主的民间文学

锦州大地依山傍海，千百年来，在这雄奇瑰丽的山海之间，流传着许多美丽的民间传说与故事，构筑了锦州以海洋文化和闾山文化为代表的民间文学体系。

在锦州的各个历史时期，许多与海有着密切关系的故事，一直在民间广为传诵。有一个"金舟"类型的故事群,都说锦州是一艘东海龙王满载财富的金舟。其中的一个故事,是讲锦州也就是金舟的故事。

故事说金舟这个大船扣在渤海湾以后变成了锦州,物产富饶,人民生活安定。后来,来了五个当时人们叫"蛮子"的南方人,这五个蛮子原来是海盗,正奉了大海盗的命令,到处找金舟。他们惊喜地发现,金舟就扣到渤海湾北岸,变成锦州了。怎么才能把这个船撬过来开走呢?他们就赶紧回去问海盗头儿。大海盗就告诉他们,去锦州城里的大染坊偷染布的染棒。他们得用这红、绿、黑、青、蓝五根用了八百年的染棒,才能把船撬过来。这五个蛮子就赶快进城,真就在一家开了八百年的染房里,找到了五根染棒。这五个海盗,连夜就用这五根偷来的染棒开始撬船。左撬右撬眼瞅着这个船就要起来了,只听得"啪"的一声,其中一个红染棒折了。红染棒一折,这个船就斜过来了,船上的桅杆就把这个金舟捅了一个大窟窿,海水"哗哗"往上冒。后来附近砂锅屯的一个沙锅匠是炼金的,就赶紧做了一个金锅,将金锅套在海眼上,把海眼给堵住了。后来在海眼上又修起一座大塔,镇住了海眼。

通过这些传说故事,我们能体会到,在古代锦州人的眼里,锦州这个辽代的"锦绣之州"与海之间的紧密关系。

医巫闾山的民间故事,与海也是分不开的。比方说医巫闾山有一个广宁石的故事,说医巫闾山原来离海很近,海里面有一个恶龙叫医巫闾,这条恶龙上岸发大水,冲毁了村庄、田地,把人和牲口都卷到海里去供他吞噬。岸上有一个英雄叫广宁，发誓要把恶龙除掉。

海里有东海龙王的女儿玉镜公主，是恶龙从东海抢来的。玉镜公主给了广宁一把宝剑，又给了广宁一包覆海土。玉镜公主叮嘱广宁说："你砍恶龙的时候，一定不能让恶龙身上的血溅到你身上，否则你就会变成石头！"

玉镜公主还告诉广宁："你从宫里出来以后，撒这个土，就能把海水赶下去。"

广宁得到宝剑和覆海土后，就冲进龙宫和恶龙展开激战，从海里一直战到海边上，直到用玉镜公主给的宝剑砍死了恶龙。恶龙被砍死以后，就变成了像龙一样横亘在渤海湾北岸的医巫闾山。

广宁在砍杀恶龙时，只顾着一边和恶龙厮杀一边撒覆海土，结果恶龙死了，海水退了，保住了医巫闾山周围的土地，但是他自己却被恶龙的血溅到身上，不幸变成了一块石头。医巫闾山人为了纪念广宁，至今还把医巫闾山脚下的古城叫做广宁城。

四 名胜古迹

中国优秀旅游城市锦州,是辽宁省三大旅游区域中心城市之一,是中国北方著名的文化名城、山海名城。

锦州市现有国家级文物保护单位10处,分别是义县奉国寺、万佛堂石窟、北镇庙、崇兴寺双塔、广济寺古建筑群、广宁古城、广胜寺塔、班吉塔、龙岗辽墓、镇边堡明长城遗址;省级文物保护单位25处,包括笔架山古建筑群、张作相官邸、辽沈战役遗址等;市级文物保护单位23处,包括张作霖墓园、锦州汉代贝壳墓群、朱瑞将军牺牲地等;还有县级文物保护单位192处。

锦州旅游资源十分丰富,山、海、林、岛荟萃,寺、塔、园、馆俱全,现有旅游景区35处,其中国家AAAA级景区8处,AAA级景区7处,全国工农业旅游示范点4处。众多的名胜古迹以及旅游景观,共同构建了锦州的旅游形象——山海名城、锦绣之州。

1 锦州老八景与锦州新十景

锦州拥有一批享誉全国乃至全世界的名胜古迹与旅游景

观，早在明清两代，就有历史上著名的"锦州八景"。锦州八景始于明代，初为十二景，为明天启年间内阁大学士孙承宗来锦督师时所定。沿袭到清代后，经多位文人题诗吟咏，逐渐演变为锦州八景，又称锦州老八景，分别是：紫荆朝旭（紫荆山在锦州城东 15 里，朝日初出，山形像一个"九"字加上旭日东升，于是取名紫荆朝旭）、锦水回纹（锦水即小凌河水，回绕古城，波纹如锦）、凌河烟雨（小凌河烟雨之景幽美如画）、笔峰插海（锦州城南 30 公里处渤海中有笔架山形同笔架，故名）、虹螺晚照（虹螺山位于锦州城西，晚霞西照虹螺山峰，河水中重现山影，呈"虹螺晚照"奇观，虹螺山现已划归葫芦岛市）、石棚松雪（锦州北普陀山风景区观音洞前有古松数株，每年冬季常可见瑞雪覆盖松树之景）、汤水冬渔（在锦州市太和区汤河子有一温泉，冬季亦不结冰，可以用网打鱼，故称"汤水冬渔"）、古塔昏鸦（古塔公园内大广济塔，旧时夏季黄昏，有成群鸦雀绕塔翻飞嬉戏）。

1999 年，由锦州市人民政府主办，锦州市旅游局和锦州电视台承办了"锦州十佳旅游景观"评选活动，以锦州辖区各旅游风景区为参评单位，评选出新中国"锦州新十景"，并颁布了"锦州新十景"文学命名：笔架天桥（笔架山风景区）、观音洞天（北普陀山风景区）、辽沈丰碑（辽沈战役纪念馆）、古塔朝晖（广济寺古建筑群）、闾山林海（闾山大观音阁和闾山森林公园）、青岩圣境（青岩寺风景区）、宜州大佛（奉国寺风景区）、万佛石窟（万佛堂风景区）、北镇神祠（北镇庙）、崇兴双塔（崇兴寺风景区）。

"锦州新十景"评定以后,锦州陆续建设了三座以"锦州新十景"为内容的大型汉白玉浮雕风光景墙,大力宣传"锦州新十景"。这三座"锦州新十景"汉白玉浮雕风光景墙分别坐落在锦州古塔公园、锦州经济技术开发区白沙湾海滨浴场中心广场、锦州世博园中的锦州园。

2 都市风景名胜与红色旅游景区

广济寺

广济寺以及锦州市博物馆是集艺术熏陶、旅游观光、休闲娱乐、学术研究多种功能于一体的国家AAAA级综合性景区。

锦州古塔公园院内的广济寺,始建于隋大业七年(611),初称普济寺,辽道宗清宁六年(1060)大规模重建,此后历代又多次重修。广济寺的中间是大雄宝殿,西侧建有天后宫,东侧建有昭忠祠,形成了以广济寺塔为中心的广济寺古建筑群,为全国重点文物保护单位。

广济寺的主建筑大雄宝殿,殿内供奉着横三世佛:娑婆世界教主佛祖释迦牟尼、东方琉璃世界教主药师佛、西方极乐世界教主阿弥陀佛,两侧有十八罗汉塑像,十八罗汉形态各异,栩栩如生,是北方佛教寺院中相当精美的十八罗汉塑像。大雄宝殿的西侧,是建于清雍正三年(1725)的北方最大的妈祖庙——锦州天后宫,即海神娘娘庙,显示出锦州丰富的海洋文化底蕴。大雄宝殿的东侧,建有锦州毅军昭忠祠。这所祠堂是清光绪皇帝御敕,清朝总统毅军的四川提督宋庆于清光绪二十四年（1898），为纪念中日甲午陆战殉国的毅军将士而建的。

广济寺古建筑群

广济寺院内的标志性建筑，是建于辽道宗清宁三年（1057）的关外第一高塔——广济寺塔，是辽道宗耶律洪基为尊藏其母仁懿皇太后肖·挞里所赐舍利子，在锦州古城中心而建。广济寺塔属于典型的辽代佛塔，为八角十三层密檐式实心砖塔，八面雕有佛像。过去的"古塔昏鸦"成为锦州八景之一。1996年按原貌维修后，塔高71.25米。如今鸦去燕来，广济寺塔被评为锦州新十景之一"古塔朝晖"，是锦州古城的城徽。

锦州古塔公园院内的锦州市博物馆是一座综合性历史博物馆，藏有商连珠纹连柄青铜戈与商饕餮纹青铜铃俎等一批一级国宝。

北普陀山

在锦州城西北 10 余里，坐落着风光秀丽的国家 AAAA 级风景名胜区锦州北普陀山。锦州北普陀山与浙江南海普陀山交相辉映，是观音菩萨在中国北方的道场，是我国东北地区著名的旅游胜地，是辽宁省正式批准的宗教活动场所，关外第一佛山，辽宁五十佳景之一和锦州十佳景之一。

北普陀山占地面积 27.26 平方公里，现存历代名胜古迹 50 余处，集古洞、妙佛、异宝、圣泉为一体，山中 33 座山峰恰应观音菩萨 33 法身之数，风光瑰丽，气象万千。

北普陀山

北普陀山的开山历史源远流长。据《中国佛教史》记载，北普陀山古称老母山，唐武德元年（618），隋炀帝杨广的堂弟杨浚有感于长年征战杀戮之不忍，由征伐高句丽返回都城途中，放弃了高官厚禄,在老母山弃武出家,放下屠刀立地成佛,滞留老母山肇建古寺,皈依佛门,法名清静,遂成老母山开山祖师。

辽太祖天显元年(926),辽国太子耶律倍被他的弟弟耶律德光陷害追杀,逃难来到这里,被追兵用毒箭射伤落马,幸遇一位手持杨柳玉瓶的老婆婆搭救,据说这位老婆婆就是观音菩萨显化的,她用山上的中草药和灵湫泉水为耶律倍治疗后痊愈。大约在辽天显五年(930),辽太后述律平追寻太子踪迹来到老母山,发现太子不知所终,为了怀念太子和感谢观音菩萨搭救太子之恩,辽太后赏金千两,在老母山重修古寺。并根据随行的大德高僧德韶法师奏请,将老母山改名为北普陀山,老母洞改称观音洞。

清康熙十九年(1680)冬,锦州知府刘源溥游览观音洞普陀寺时,见到寺前的千年古松身披白雪,于是将观音洞普陀寺定名为"石棚松雪",为锦州老八景之首。

辽沈战役纪念馆

辽沈战役纪念馆新馆于1988年10月落成,是一座融历史研究、文物收藏、陈列展示、思想教育、艺术博览、园林休憩等多种功能为一体的大型历史文化主题公园,是全国著名的爱国主义教育基地、国家AAAA级旅游景区、红色旅游经典景区、军事文化旅游胜地。景区占地面积18万平方米,纪念馆主体建筑面积为8600平方米。全景画馆中的中国第一幅全景画《攻克锦州》是中国美术史上的开山之作,是世界全景画艺术的典范。

辽沈战役纪念馆全面反映了东北解放战争的历史,突出展示了辽沈战役的胜利进程,基本陈列的主题是"决战决胜"。

辽沈战役纪念馆

东北野战军锦州前线指挥所

东北野战军锦州前线指挥所位于锦州西北凌海市翠岩镇牤牛屯村，是辽沈战役期间东北野战军锦州前线指挥所所在地，于2005年复原改造完工并对外开放，是辽宁省重点文物保护单位、辽宁省红色旅游重点景区。

辽沈战役以其空前的规模、辉煌的战果、深远的影响而闻名于世。牤牛屯这个小村庄也因经历了辽沈大决战的辉煌历程而被载入史册。

3 滨海风光带风景名胜区

笔架山

坐落在渤海锦州湾中的笔架山风景区，是我国北方著名的国家 AAAA 级旅游风景名胜区，为辽宁五十佳景和锦州十佳景之一，神奇的笔架山天桥堪称世界奇观、天下一绝。笔架山古建筑群为省级文物保护单位。

笔架山是一座海岛，地貌学上称为陆连岛。笔架山岛南北长 1120 米，东西最宽处 220 米，海拔高 78.3 米，总面积约 0.153 平方公里。

明天启年间明清宁锦大战之前，明兵部尚书孙承宗经略辽东时，看到此山好像是一个巨大的笔架屹立于沧海，故取名笔架山，笔架山之名由明代开始一直沿用到今天。民国时期，经笔架山道教开山祖师朱洁贞与弟子赫保江、孙金言共同主持，修建了以道教为主，兼容佛教、儒家及民俗诸神崇拜的，中国北方著名的笔架山宗教建筑群，解放后又陆续重修。

笔架山现存的人文建筑有山门、姐妹亭、真人观、吕祖亭、真武殿、雷公祠、电母祠、乾坤宫、盘古开天广场、三清阁、万佛堂、法雨寺等。

笔架山

笔架山宗教建筑群现存完整和不完整的汉白玉石雕像共306尊，来源于道教、佛教、儒家和中国民间崇拜的众多神灵，甚至古典小说《封神榜》中的多路神仙也在这里供奉，其中著名的有传说中开天辟地的盘古大帝、创造人类的女娲、道教的三清神、佛教的释迦牟尼和儒家的创始人孔子等。这些汉白玉石雕像造型精美，栩栩如生，是中华民族宗教崇拜和雕塑艺术的瑰宝。

锦州世博园

2013年中国·锦州世界园林博览会，是锦州滨海旅游带的第一大风景区。在锦州龙栖湾这座渤海北极岛上，一座精致的世界级园林景观拔地而起，呈现出碧海金沙、花团锦簇的美景。

锦州世界园林博览会的园区又称为锦州世博园。锦州世园会是世界上第一个海上世界园林博览会，是全球规模最大的园林博览区，也是唯一一届由世界园林、园艺两大权威组织批准并支持的盛会，开了世界园林博览会举办模式的先河。锦州世博园园区总占地面积7平方公里，其中陆地面积3.3平方公里，水域面积3.7平方公里，是全球较大规模的园林博览园区之一。

锦州世博园的标志性建筑为"三馆一塔"，分别为海洋科学创意馆、国际古生态馆、水韵之舞剧场、百花塔，其他重点建筑还有台湾大花园、百花馆等。

锦州世界园林博览会的空间总体布局是"一心一环、两轴六区"。一心，是海洋之心，以20个IFLA国际展园为主体，与海洋科学创意馆、渤海湾水景、多条花带共同构成的中央景

锦州世博园恋花谷

锦州世博园马布哈欢迎岛

观。一环,是人车共行的旅游线路,全长 6.8 公里。两轴,是海洋园林风情游览轴——园区东西向游览主轴线;海洋特色文化展示轴——园区南北向游览副轴线。

锦州世界园林博览会六大特色园区分别是高山流水（山地园林区）、锦绣之州（奇迹园林区）、海风林韵（林地景观区）、奇幻海洋（海岛园林区）、浪漫之滨（海滨园林区）和观海听涛（海上活动区）。

4 闾山风光带风景名胜区

医巫闾山

北镇庙医巫闾山位于北镇市西部和义县东部交界处，山势呈东北—西南走向，北端到阜新，南端到凌海，最高峰望海峰海拔866.6米。闾山纵长45公里，横宽14公里，面积为630平方公里，为国家级自然保护区。

锦州的大闾山生态文化旅游带，20多个旅游景区、景点星罗棋布，闾山东麓北镇市镇山祈福旅游产业集聚区，有闾山大观音阁、青岩寺、大芦花、闾山国家森林公园、北镇庙、双峰寺、天仙观、灵山寺等10多个风景区，闾山西麓的义县佛文化旅游集聚区有宝林楼、老爷岭、义县奉国寺、万佛堂石窟等多个景区。

医巫闾山钟灵毓秀，人杰地灵，拥有悠久的历史文化。华夏名山有五岳五镇，医巫闾山为北方幽州镇山。《古今图书集成·职方典》记载：上古三皇五帝的虞舜时期，中国被划分为十二州，锦州归为幽州地域，虞舜时期还封锦州的医巫闾山为北方幽州镇山。闾山脚下的北镇庙是我国五大镇山中唯一幸存且保存完好的镇山神庙。在北镇庙内，供奉着医巫闾山之神,医巫闾山之神的牌位至今仍陈列在北京的先农坛和地坛。闾山大观音阁是古代朝廷和先民来闾山祈福的核心地点,是闾山镇山文化最杰出的代表。

辽代是闾山乃至锦州历史上最重要的一个朝代。辽代的数十座皇家建筑至今仍遍布闾山东西两麓,是锦州旅游风光、人文景观中的瑰宝。

闾山大观音阁

闾山大观音阁是全国重点风景名胜区、闾山的核心游览区,位于闾山东麓北镇境内,距北镇古城西北方向6公里,为辽宁五十佳景和锦州十佳景之一。

闾山大观音阁

大观音阁,简称大阁,始建于辽代,明初称清安寺,后改称观音阁。清咸丰年间,为了区别于白云关上的观音阁,遂改称大观音阁,俗名大阁。大阁周围景点繁多,著名的有三十八景,是医巫闾山的主要游览区。古人称颂大闾景区是"奇峰插云,阴水崖悬,右拥层峦,左观溟海,勒石旧迹,多有可观";"望其佳气,郁郁葱葱,上插霄汉,下瞰蓬瀛,悬瀑飞流,乔桥盘蔚";著名的大阁八景道隐谷、圣水盆、旷观亭、吕公岩、桃花洞、望海寺、云巢松、南天门都在这一带。

当来到医巫闾山观音阁脚下,仰望绮丽多姿的山景,苍松翠柏,奇峰怪石,幽谷溪流,与山间庙宇亭台,浑然一体,自远可观,恰似一幅彩色绚丽的风景图画。

闾山青岩寺

青岩寺风景区位于北镇市常兴店镇境内,医巫闾山东麓南端,为省级宗教活动场所,是辽宁省旅游收入排名第一位的旅游景区,年收入1亿元以上。

青岩寺始建于北魏,盛于中唐,至今有1500余年的历史。青岩寺风景区的自然风光与人文景观交相辉映,青岩寺分上院、中院、下院、文殊院、娘娘殿、药师殿、财神殿、圣水院、观音殿多处禅院,最为上院供奉的"歪脖老母"名闻天下。2002年以后又增修了吉祥白象、五百罗汉坡、圣水院、观音手、二十四孝浮雕壁画、歪脖老母传说浮雕壁画、弥勒大佛、达摩祖师、休闲罗汉、寿星等景观,是北镇闾山地区宗教文化游最杰出的代表。

青岩寺上院老母洞以观音菩萨像——歪脖老母闻名天下。在上院数百米的悬崖绝壁间,退出一条天然台阶,深渊眩目,群岭如烟,院内清泉垂瀑,雾绕云封,水帘壁旁有一天然石洞暨老母洞，洞深丈许，洞内莲花台上端坐着一尊神态超然入化、天下唯一的青石佛像——"歪脖老母"即"观音菩萨"。

青岩寺歪脖老母像

《东北古迹轶闻》一书记载："南海落潮现出一尊青石佛像，人们请至青岩山云中古洞，及门不能入，有戏之者曰：老佛若一歪脖则可入，言已，见佛像之颈即歪，群工人从容移入。置诸于莲花台上，吃惊老佛显灵，皆肃然起敬而出，忘请老佛正脖，故至今尚歪。"据考证，歪脖老母为自在观音，但世界上所有的自在观音没有歪脖的，只有青岩寺这一尊。因此，千百年来青岩寺香火日盛，游人如织，祈求吉祥如意、金榜题名者络绎不绝。

闾山大芦花云岩寺

北镇闾山大芦花风景区，是观音菩萨在中国北方的道场，辽宁省政府批准的宗教活动场所，辽西地区第一流的 AAAA 级风景区、多功能综合性旅游度假风景区，在第三届东亚国际旅游博览会上，被评为"十佳知名旅游景区"。

大芦花风景区的名字，蕴含着天下独有的神奇。据有关专家考证，两亿年前，这里是一片汪洋大海，沧海桑田，地壳变迁，亚洲板块抬高，海水逐年退去，大芦花的顶峰留下了满山芦花漫舞，大芦花即由此得名。

大芦花风景区

大芦花景区的云岩寺始建于唐辽之交，兴盛于元、明两代，到明末和清代发展到鼎盛时期，有 1000 多年的悠久历史。大芦花景区的寺庙元代以前称为云岩寺，明代改称龙战寺，明清之交，改为道教海云观。目前的大芦花是于 2006 年重建的一处风光如画的风景区，有30多处重点自然景观和人文景观，是我国北方四季皆宜的旅游胜地。

闾山国家森林公园

辽宁医巫闾山国家级自然保护区属森林生态系统和野生动物类自然保护区，总面积11000公顷，素以山势雄伟、峰峦奇异、松柏葱郁、景色秀丽驰名中外，是东北著名的森林生态旅游胜地。

闾山国家级自然保护区现有四大景区：闾山国家森林公园（即大朝阳风景区）、老爷岭景区、宝林楼风景区和大石湖景区，四大景区风景各异，奇态纷呈。

闾山国家森林公园（即大朝阳风景区）地处医巫闾山中麓，是整个医巫闾山自然保护区自然景观、人文景观的精华部分，游览面积888公顷。其重点人文景观是道教建筑三清观，是我国北方较大的道教宫观之一。

道教是中国的本土宗教，扎根于中华传统文化的沃土之中，起源于上古鬼神崇拜，发端于黄帝和老子，由汉代道士张道陵在四川正式创建，至今约有1900年的历史。闾山国家森林公园的道教三清观始建于唐代，由上院、中院、下院三座建筑群组成。下院的前殿是灵官殿，供奉着道教的护法神王灵官。三清观下院的主殿，就是前面的三官殿，供奉着道教的"三官"，分别是天官大帝、地官大帝、水官大帝，是道教认为主管天、地、水的神灵。

三清观中院的主殿是三清殿，供奉着道教的最高神——道教三清神。正中间的是元始天尊，是道教最根本的信仰"道"

的化身；左边的是灵宝天尊，是三清中的第二位尊神；右边的是道德天尊，也就是春秋时期的老子，也叫"太上老君"。老子所著的《道德经》，就是道教的主要经典。三清殿东侧高坡之上的建筑，是斗母殿。斗母和西王母也就是王母娘娘，是道教诸神中地位最高的两位女神。斗母是北斗七星神的母亲。

武林宗师张三丰曾在间山三清观练就了"洗髓功"，这种神奇的功法至今仍在中国台湾、新加坡一带流传。

间山宝林楼

宝林楼景区是医巫间山国家级自然保护区的第二大风景区，位于间山西麓南段、义县张家堡乡宝林村，距义县县城35公里。

宝林楼又称炎汉古刹。传说公元前2600年，炎帝神农氏施暴政于民，黄帝起兵伐炎帝战于中原，炎帝败北后，逃到间山今宝林楼的石洞中避难，炎帝作古后，炎帝的后代为纪念炎帝及三皇五帝，在这个石洞始建古刹，称为炎汉古刹。历朝历代几次重修，炎汉古刹包括神农氏炎帝的墓穴神农罐、建在神农罐两侧的两座七级浮图塔神农双塔、神农罐前所立石碣神农碣，它们大都随着几千年的风雨剥蚀而湮没。唐贞观十九年（645），唐太宗为纪念在东征高句丽战争中牺牲的东征英烈，下诏在间山西麓的古战场重建了宝林楼，是我国北方唯一的悬空寺。

如今的宝林楼和宝林禅寺是于2006年后重建的。据史料记载，几千年来，有数十位帝王将相到过宝林楼祭拜华夏先祖、游览宝林楼风光。

闾山老爷岭圣清宫

老爷岭风景区位于医巫闾山西麓,义县大榆树堡镇境内,游览面积349公顷,是辽宁医巫闾山国家级自然保护区的第三大风景区,景区内群峦叠翠、古树参天,是辽宁省内著名的森林生态旅游景区。这里有圣清宫点将台、鹰嘴峰、圣旨洞、鸳鸯井、药王松等著名景点40余处。

老爷岭有唐王征东、关公显圣等优美的历史传说。老爷岭圣清宫始建于唐开元十四年(726),为闾山四大道观之一。相传大唐贞观十九年(645),高句丽叛逆盖苏文杀死国君,自立为王,又亲自率领叛军数十万人入侵唐朝边境,唐太宗李世民钦命徐茂功为主帅,并御驾亲征,在闾山西麓义县老爷岭一带鏖战。在唐军将败退之时,山顶上关公显圣,吓退了高句丽叛逆盖苏文,最终盖苏文缴械投降。唐太宗李世民为了感谢关老爷显圣搭救之恩,遂将此山命名为老爷岭。唐开元十四年(726),唐玄宗李隆基下令修建了圣清宫。

崇兴寺双塔

崇兴寺双塔坐落在北镇市区东北隅,因塔北有崇兴寺,故名。崇兴寺双塔为全国重点文物保护单位。

崇兴寺双塔东西对峙,相距43米,形制相同,均为八角十三层实心密檐式青砖砌筑。创建年代无文献记载,应属辽代中晚期的遗存。东塔高43米,西塔高42米,基座每面宽7米,基座上雕有各种花纹,下部雕有狮子、负重力士和莲瓣。向上为仰莲座,座上承托塔身,塔身每面都有拱龛,内雕坐佛,外立胁侍,上饰华盖、飞天和铜镜。塔檐十二层,由下至上逐层内收，每层檐角俱挂有风铃，随风摇动，声音清脆悦耳。塔顶的莲座、宝瓶、鎏金、刹杆、宝珠、相轮均保持完好。西塔中部还镶有明万历二十八年（1600）《重修崇兴寺塔记》小石碑。

北镇庙

北镇庙坐落于北镇市城西2公里处，医巫闾山脚下。北镇庙始建于隋文帝开皇十四年（594），当时称医巫闾山神祠，金、元、明、清各朝代曾多次重修和扩建。现在的北镇庙基本上是明永乐十九年（1421）和弘治八年（1495）重修扩建的格局。北镇庙规模宏大，东西宽109米，南北长240米，庙内建筑从山下到山顶依山势层层向上，排列而成。庙中的主要建筑有御香殿、正殿、更衣殿、内香殿、寝殿五重大殿，五重大殿之前又有石牌坊、山门、神马门、钟鼓楼等建筑。

庙内保存有元、明、清三代的石碑56甬，这些石碑在考古学研究和书法艺术上，都有着很高的历史价值。

北镇庙是北方镇山医巫闾山的山神庙，是古代朝廷和先民的祈福圣地，从北魏开始，隋、唐、辽、金、元、明、清历代多位皇帝曾经亲自或派遣官员祭拜医巫闾山山神，祈求山神护佑国泰民安，在医巫闾山留下了大量的皇家印迹。

奉国寺

辽代皇家寺院、佛祖道场——义县奉国寺，俗称大佛寺，为国内现存辽代三大寺院之一，坐落在闾山西麓的塞北佛乡、神奇义县古城东街，始建于辽开泰九年（1020），是辽代自称释迦牟尼转世的辽圣宗耶律隆绪在母亲萧太后（萧绰）故里建造的皇家寺院，为全国重点文物保护单位，国家 AAAA 级旅游风景区，已经列入中国世界文化遗产预备名单。

奉国寺在辽代始建之初，名为咸熙寺，金代改称奉国寺。奉国寺曾经是辽代皇族和皇亲国戚降香拜佛、消灾祈福的皇家寺院，整个寺院雄伟壮观，到处彰显着皇家的气派和庄严，透露着佛祖道场的神威。现在的奉国寺风景区保存完好的有外山门，清代的内山门、牌楼、钟亭、碑亭、天王殿以及辽代的大雄宝殿和殿内遗存的众多文物，是集古建筑、绘画、考古、佛教等历史科学文化艺术价值于一体的古代寺院。

奉国寺过去七佛

奉国寺主建筑大雄宝殿，是我国建筑史上一项极为光辉的成就，又是中国唯一的七佛并列一堂的大雄宝殿，遗存有世界最古老、最大、最精美的彩塑佛像群"过去七佛"。奉国寺的

"过去七佛"造型精美,可以说是中国北方汉传佛教造像中最精美的佛教造像,堪称我国佛教造像和雕塑艺术的无价之宝。

万佛堂石窟

万佛堂石窟原名岫岩寺,是我国著名的佛教石窟寺之一,始建于北魏太和二十三年(499),距今已有1500多年的历史。万佛堂是我国东北地区年代最久、规模最大的佛教石窟,具有珍贵的历史价值和艺术价值,为全国重点文物保护单位。

万佛堂石窟位于义县县城西北9公里,建在大凌河北岸福山的悬崖峭壁上,现存西区9窟,分上下两层,系北魏营州刺史元景为北魏孝文帝祈福禳灾所建。东区有7窟,建于北魏景明三年。1500多年来,岫岩寺的山门、窟前的大殿被大凌河水数次冲毁,数次重修,如今山门和窟前的两层大殿已不复存在。石雕佛像也由于千百年来的风雨剥蚀,多有损毁。现存大小洞窟16个,430余尊石刻造像。岫岩寺起初有十六个洞窟,共雕塑16000尊佛像,故后人习惯称其为"万佛堂石窟",而当年"岫岩寺"的名字逐渐被历史湮灭了。

万佛堂石窟有石窟四宝:一是堪称国宝的"元景造像碑",二是交脚弥勒像,三是雕刻在摩崖上的笑佛,被佛学家和雕刻专家誉为"东方的蒙娜丽莎",四是千手观音,都具有极高的艺术价值和观赏价值。

张作霖墓园

张作霖墓园位于凌海市石山镇东8里的驿马坊村西隅,始建于1912年,起初是张作霖为其母所建,为市级文物保护单位。

一代枭雄张作霖是中国近代史上一位著名的历史人物。

张作霖（1875~1928），字雨亭，奉天海城小洼村人。自小出身贫苦农家，后成为北洋军奉系首领，是"北洋政府"最后一个掌权者，号称"东北王"。1913年，张作霖在世时将其母王氏遗骨由黑山县移葬在此茔地，立为主坟。之后，其妻赵氏（张学良生母）也移葬此地。

张作霖在位期间曾多次拒绝日本人的拉拢，用装糊涂的手法来对付日本人。1928年6月4日，张作霖在日本关东军策划的"皇姑屯事件"中被炸身亡，灵柩暂时停放在沈阳东关小珠林寺内，1937年6月，张作霖子女亲友及部下将张作霖灵柩运到驿马坊茔地，葬入主坟，与其妻赵氏合葬。

张作霖墓园"卯山酉向"，墓园西门外有石刻门柱两根，分立于门之左右。门柱为青石料刻制而成，通高2.2米，上刻楹联一副："佳兆千秋开驿马，孝思百世仰慈乌。"石柱东24.5米处（园门内），矗立着规格一致造型相同的两甬石碑，南面的一甬是清宣统二年（1910）溥仪皇帝赐给张作霖母亲的诰命碑，北面一甬是张作霖于民国五年十一月为其母立的墓碑，额篆"王氏墓碑"。

锦州赋

白雪生

经纶关东,谁织丝路?纽带辽右,我绣锦州。百里走廊,启东北之窗口;千年城府,立渤海之潮头。商贸都会,开中原之锁钥;军事重镇,扼冀幽之要冲。古道重修,拓欧亚之通道;新港又扩,张雄鸡之咽喉。因锦而名,《士纬》曰:"为锦则贵",故称锦绣之州也。一方热土,四衢交通。从来商贾交易、文人交流、兵家交手、客旅交游、风情交融、民族交亲、历史交替,必交于锦州也。

锦绣之州,一统山河锦绣。瞰渤海浩荡,南帆竞来;长城蜿蜒,西骑徐走。屏山为间,东隅横翠;抱水而灵,北边送幽。辽塔无恙,盘旋从前燕子?锦水依旧,摇滚今日风流。一径跨海天桥,每日出落,叫绝天下;万尊摩崖佛像,经年微笑,倾倒寰球。魏碑极品,有口皆碑;海右盘古,无出其右。妈祖庙前,泊留棹声欸乃;观音洞后,送走驼铃悠悠。关外普陀,咸谓辽西之最;北国天后,都说海内之尤。奉国寺里,七佛并列,坐拥三界以外,四海俯首;辽沈馆内,一壁全景,身置万炮之中,九州拔筹。紫荆吞吐嫩日，蒸蒸而上；翠岩孕含瘦月，冉冉如钩。渤海之湾，弄潮架笔，运作沧海大文章；城郭以内，披峰皴绿，勾勒巅峰好架构。

一山何奇？坐镇千秋矣。释地《尔雅》，疏注东方之美玉；备录《周礼》，舜封镇北之幽州。几入屈原之梦，夕临微间；尝留霞客之叹，宿愿未酬。山不在高，有仙则灵。龙兴之地，王气攸钟。不同五岳负气逗高，当列五镇媲美同侪；不与三山炫名争霸，须如三丘神似相侔。名流诵讴于前，专家综评在后：神农遗物，尊同泰岱；尧舜燔柴，远胜嵩衡。一柱清高，有雁荡之峭；千峰碧瘦，具武夷之幽。去天一握，仿佛华山之陡；仰石万重，犹如终南之秀。古木攒青，疑为黄山松海；飞瀑悬素，类似匡庐挂流。石棚圣水，缥缈九华，王屋之绮丽；鹫岭佛光，恍惚峨嵋，普陀之经楼。登峰环顾，四景尽收：春则梨雪飞白，醒了希望田野；夏则杏雨飘红，醉了甜蜜芳洲；秋则藤架缀紫，葡萄与梦想共熟；冬则瓜棚悬翠，嫩韭和幸福并收。穿今越古，知是何年田园诗境？咏风觞月，尽归当代山水画轴。

锦绣之州，滋润人文锦绣。红山女神，孕中华以圣地；白狼母河，溯文明以源头。颛顼之墟，炎黄先民在此聚落；化石之都，中华龙鸟于兹渊薮。厥有徒河，始奠城堡；肃慎献砮，首开圭窦。秦汉设郡，慕容封都，隋唐置营，契丹建州。① 韩

---

① 锦州属红山文化所在地。红山女神被称为中华民族的"共祖"。古称白狼河的大凌河，为中华五千年文明的起源找到了新的源头，将中华文明史向前推进了一千多年。史载锦州地区的"颛顼故墟"，相传为黄帝之孙颛顼高阳氏在辽西走廊建立的第一座城堡。在这里又发掘出1.2亿年前的古生物化石群，隶属锦州的"义县组"化石产地，被誉为"世界第一只鸟飞起和第一朵花绽放之地"。因此被命名为"中国观赏石之乡"。

愈思乡，自署昌黎郡望；太子怀旧，别置无虑书楼。辽尊燕后，于是雄起；① 蒙用楚材，得以绸缪。② 清祖问鼎，纵八旗而逐鹿；明将戍边，拔一剑以封喉。于是焉，际会风云以宁锦，扭转历史于关头。临危受命，孙承宗剖之以心；以身许国，袁崇焕碎之以首。出师中原，皇太极举兵压境；背水凌河，祖大寿献城负疚。被执松山，洪承畴输之以诚；亲裹貂裘，清太宗善用其柔。开关借兵，吴三桂原为复仇；入室当国，多尔衮换帜城头。③ 一城何奇？置大历史之襟喉。辽金瓜代，明清易手。才送奉张归骨，又迎少帅出走；乍来先驱盗火，突起义勇逐寇。更有中共五书记运筹小村，关门打狗；东野三首长挥师帽岭，决胜雄州。士英桥、云飞路，血旅跫音未绝；指挥所、将军碑，故垒英风不朽。情系战地，领袖犹念这个地方出苹果；话题当年，史家争说那个时候打锦州。新中国一役奠基，好儿女共殇金瓯。于是焉，百战山河归民主，一帙新篇始重修。

---

① 闾山乃辽国皇家和后族世袭封地。辽国皇太子耶律倍曾在闾山最高处修建一宇书楼，死后葬于闾山。耶律倍的长子、辽世宗耶律阮等耶律倍的5个儿子及几位皇后皇妃，大都祔葬于耶律倍的闾山显陵；耶律倍的孙子辽景宗耶律贤和著名的萧太后萧绰，葬于显陵周边的闾山乾陵；辽国末代皇帝——天祚帝耶律延禧祔葬于闾山乾陵。
② 一代杰出的政治家、文学家、改革者蒙古汗国中书令（宰相）耶律楚材，号湛然居士，自幼求学故乡宜州（即今日义县），深受一代天骄成吉思汗所倚重，且为搜集辽史作出特殊贡献。
③ 明清交替之际，辽西发生多次大战。明廷任袁崇焕、孙承宗经略辽西，多次击败后金，努尔哈赤因伤至亡后，皇太极遂为清主。攻陷大凌河之战，守将祖大寿降清。皇太极智用反间计，袁崇焕蒙罹凌迟，孙承宗拒降就义。松锦大战中，洪承畴被俘投降。尔后九门口之战，宁远总兵吴三桂献关借兵复仇，于是与清军统帅多尔衮合兵击败李自成部，从此清入主中原。

一地何奇？代有才人竞风流。初辟鸿蒙，箕子开化封地。管仲领走，成语老马识途；夷齐让贤，典故不食周粟。湛然搜书，挽救全辽实录。名儒贺钦，呵成四库之总；怪杰三丰，修炼武当之宗。一宰两院，韩相匡扶契丹两代中兴，且促太后缔盟"澶渊"；三相一门，尹家辅佐大清三朝盛世，难能端公援救"红楼"。① 蔡琬得名，剩对青山如故；陆游有后，授学松月书屋。蒙学泰斗，尹湛纳希塔下营构层楼；② 佛门高僧，圆通法师寺里容纳名流。苹果之父，善祥拓实业而结硕果；③ 鲁门弟子，萧军挽国难而制杰构。张汀山水，卓然巨擘；大康书画，老韵妙手。霍家大鼓、陈氏评书，典籍有载；花派青衣、筱派老旦，梨园翘首。出身我乡之"蹦蹦"，由汪大头进关漫浪一扭，又融进"莲花落子"，遂演变成一腔评剧，从此登入京津沪唐大显身手；原属皇封之"贡酒"，经高士林穴藏掩恨百年，复留迹"道光廿五"，乍出土遽尊为国宝，既而走向日法俄欧飘香全球。书记为民捐躯，长街哭雨；诗人报国谢世，碧水唱酬。④ 文

---

① 尹继善，字元长，锦州人，属镶黄旗。曾任清代封疆大吏，后任文华殿大学士监管兵部，充任帝师、国史总裁、上书房总师傅。皇帝出巡，由他总理朝政。曹雪芹曾任尹府东席，撰写《红楼梦》时曾经蒙其资助。尹氏三代皆在清朝为相。
② 尹湛纳希，汉名宝衡山，蒙族文学家，著有《一层楼》《泣红亭》等长篇小说，晚年定居锦州大觉寺。
③ 李善祥，实业家，浙江镇江人，曾参加辛亥革命，后来锦州经营垦务，创办生生果园及耕余学院，被誉为"中国苹果之父"。
④ 张鸣岐，时任锦州市委书记，在抗洪抢险一线中为民捐躯，胡锦涛同志曾撰文《青年干部的优秀楷模》。诗人易仁寰，曾任锦州市文联主席，统战部部长。一生著述甚丰，颇受冰心、臧克家、贺敬之赞赏。病逝后，锦州市委发出文件，命名易仁寰为先进文化传播者。

化节、古玩节、票友节——应接无尽；农展会、海洋会、老庙会——聚会不休。奥运场上，张宁羽坛卫冕，扬扬赛艇拔筹。且看奥运擎旗手，数我锦城儿女最风流！

锦绣之州，铺写前程锦绣。初有共和国长子之誉，又获新兴工业城之荣。乘改革大潮再崛起，借东北振兴又抖擞。融进锦州湾，位置"五点一线"，投入时代发展之潮流。雄踞环渤海，实施"一纲五线"，领袖沿海辽西之龙头。

一水何奇？顿起生意，刷新千年围城之拘囿。大道穿山，豁然洞开，突破闭门自守之窠臼。好一个完美转身，扩出一座滨海新锦州！端的是千古宏猷，再造半壁河山起层楼。依海建港，自辟旷代英发之伟业；以港兴市，撑持全面振兴之筹谋。借水行舟，擘划现代都市以口岸，背水一战，横贯欧亚东西以通途，勇进激流，疏浚蒙俄远东以出口。游走新区，踏浪霜浦，涉西海，越白马，几疑不夜城楼。连岸百里，瞰一带产业集群，层层叠叠，如笋如星如饴，千般气象，举目尽收；且徜徉白沙，放眼滩头，绕浴场，过景区，恍若江南绿洲。环岛一周，问谁家浒边营墅？高高下下，宜居宜游宜寿，万种风情，别有一幽。海港共空港争渡，铁路同公路竞走。家园与公园携手，物流与客流合流。港城共赢，城乡互动，双增升位，强县壮州。综合实力跻身百强，投资环境列入百优。石油基地、光伏基地、汽车基地、化工基地、科研基地——遍地花开正稠；最具投资价值城、最北港口城、双拥模范城、优秀旅游城、文明先进城——满城锦上添绣。

蓦然回眸，适解放六十之秋，鼙鼓已息，精神弥久。逢改革卅载之春,蛰龙振起,正好势头。成就三年大变,企望十年复兴。是时也,看新洲出炉:拥亿吨之大港,抱百里之城区,收千亿之总值,纳百万之人口——美哉,辽西名都!揽青山碧水蓝天,好容易搜出诗来,哦一个赋;慨过去现在未来,几时候赢得鳌头,再来杯酒!

参考文献

《二十四史》，中华书局，1985。

《资治通鉴》，中华书局，2009。

金毓黻等编《奉天通志》，中国文史丛书编委会点校出版，1935。

王文藻、朱显庭、陆善格等编《锦县志略》（自印本）1920。

方韬译注：《山海经》，中华书局，2011。

牛广臣：《锦州通史》，辽宁民族出版社，2010。

陈学强主编《渤海明珠锦州》，辽宁人民出版社，2003。

锦州市机关工委编《锦州概览》，中国经济出版社，2000。

赵振新、吴玉林主编《锦州市文物志》，学苑出版社，2005。

锦州市地方志办公室编《锦州风物志》，辽宁民族出版社，2001。

李侠主编《锦州市非物质文化遗产概览》，辽海出版社，2012。

冯立民：《别观锦州》，万卷出版公司，2005。

陈学强、邱相国、战英克主编《古今诗人咏锦州》，辽宁人民出版社，2002。

刘景毅：《爱我锦州三字经》。

王光主编《辽西文化丛书》，春风文艺出版社，1995。

董明：《辽代北镇踪涵》，辽宁教育出版社，2011。

贾辉：《医巫闾山契丹史研究》，中国戏剧出版社，2007。

邱德富：《医巫闾山志》，万卷出版公司，2005。

韩立彬、刘景毅：《渤海仙岛笔架山》，中国文联出版社，2012。

刘惠吾等主编《日本帝国主义侵华史略》，华东师范大学出版社，1984。

问昕：《辽西义勇军史稿》，吉林大学出版社，2010。

穆景元、张桂芝主编《抗日义勇军与〈义勇军进行曲〉》，吉林文史出版社，2014。

武育文、王维远、杨玉芝：《张学良将军传略》，辽宁大学出版社，1987。

邵桂花、陈志新：《朱庆澜传略》，吉林人民出版社，2003。

董建：《田汉传》，北京十月文艺出版社，1996。

郭荣辉：《辽沈战役纪实》，白山出版社，2005。

于德泉：《攻克锦州》，北方文艺出版社，2012。

后 记

《锦州史话》是《中国史话》系列丛书关于锦州历史文化的部分，旨在梳理锦州的历史文化精髓，成为帮助广大读者特别是青少年读者了解锦州概况和历史文化的乡土教材。

《锦州史话》全书历史事件的时间范围上溯远古时期，下至民国末期（截止到1948年10月锦州解放）；空间范围以现锦州全地区行政区域为主，因历史上行政区域变化内容涉及周边其他地区的，按照约定俗成的原则处理。书中记载的锦州历史人物，或生于斯长于斯，一生奉献锦州热土；或祖籍锦州，而后生活于华夏各地；或生于其他各地，而后落户锦州；或曾经于锦州大地上一度叱咤风云，留下短暂的历史足迹。全书的风格，是追求用通俗化的语言，讲述锦州的历史文化故事。

在中共锦州市委领导同志的支持与指导下，中共锦州市委宣传部启动了本书的编辑工作。本书由王明玉任编委会主任，王广明任编委会副主任，孙海滨、刘景毅领衔主编，由牛广臣、李树基、王哲、王光、刘景毅几位多年致力于锦州文史研究的专家学者担任主要撰稿人,并邀请了锦州市文化广电新闻出版局、中共锦州市委党史研究室、锦州市文学艺术界联合会、辽沈战役纪念馆、辽西区域文化研究会、锦州市旅游协会、锦州市民俗学会、锦州市东北抗日义勇军研究会的多位专家学者以及市有关部门的同志共同参与编写工作。在本书的编写过程中,我们对关于锦州历史文化记载的许多文献资料进行了归纳整理,并融入了我们自己的研究成果以及理性的思考,力求大致上全面、客观地反映锦州的概况和历史文化概要,终于在仓促中完成了初稿,经编委会集体研讨修改和领导审定,本书于 2014 年 6 月终于交付出版社编辑出版。

在本书的编写过程中,锦州文史学者傅金纯提出了一些有益的意见和建议,并撰写了部分章节。对于《中国史话》编委会、社会科学文献出版社、锦州市各级领导和专家学者对本书编写提供的帮助,以及本书所引用研究成果的作者们,在此一并表示感谢。

我们诚恳地希望广大读者指出本书的不当之处,以鞭策我们在锦州历史文化研究的热土上继续耕耘。

编　者

2014 年 6 月于锦州

史话编辑部

主　　任　宋月华

副 主 任　黄　丹　杨春花　于占杰

成　　员　（以姓氏笔画为序）
　　　　　　王　和　王玉霞　刘　丹　孙以年
　　　　　　连凌云　范明礼　周志宽　高世瑜

行政助理　苏运才

图书在版编目(CIP)数据

锦州史话/孙海滨,刘景毅主编.—北京:社会科学文献出版社,2014.10
(中国史话)
ISBN 978-7-5097-6289-9

Ⅰ.①锦… Ⅱ.①孙… ②刘… Ⅲ.①锦州市-地方史 Ⅳ.①K293.13

中国版本图书馆 CIP 数据核字(2014)第 171773 号

"十二五"国家重点图书出版规划项目

中国史话·社会系列
锦州史话

主　　编／孙海滨　刘景毅

出　版　人／谢寿光
项目统筹／宋月华　谢　安
责任编辑／王玉霞

出　　版／社会科学文献出版社·人文分社（010）59367215
　　　　　　地址：北京市北三环中路甲29号院华龙大厦　邮编：100029
　　　　　　网址：www.ssap.com.cn
发　　行／定制出版中心（010）59366509　59366498
　　　　　　市场营销中心（010）59367081　59367090
　　　　　　读者服务中心（010）59367028
印　　装／北京鹏润伟业印刷有限公司
规　　格／开　本：889mm×1194mm　1/32
　　　　　　印　张：5.375　字　数：115千字
版　　次／2014年10月第1版　2014年10月第1次印刷
书　　号／ISBN 978-7-5097-6289-9
定　　价／25.00元

本书如有破损、缺页、装订错误，请与本社读者服务中心联系更换

▲ 版权所有 翻印必究